獻給我的父親、母親和兄弟們

目送

〔代序〕你來看此花時

1

整理臥房抽屜的時候，突然發現最裡頭的角落裡有個東西，摸出來一看，是個紅色的盒子。

這一只抽屜，塞滿了細軟的內衣、手絹、絲襪，在看不見的地方卻躲著一個盒子，顯然是有心的密藏，當然是自己放的，但是，藏著什麼呢？

打開盒蓋，裡頭裹著一方黑色緞巾，緞巾密密包著的，是兩條黃金項鍊，放在手心裡沉沉的；一個黃金戒指、一對黃金耳環，一只黃金打出的雕花胸針。黃澄澄的亮彩，落在黑色緞面上，像秋天的一撮桂花。

我記得了。

她是個一輩子愛美、愛首飾的女人。那一天晚上，父親在醫院裡，她把我叫到臥房裡，拿出這一個盒子，把首飾一件一件小心地放進去，說：「給你。」

我笑著推開她的手：「媽，你知道我不帶首飾的。你留著用。」

她停下來，看著我，一時安靜下來。

我倒是看了看她和父親的大床，空著——父親不知還回不回得來。床頭牆上掛著從老家給他們帶來的湘繡。四幅並排，春蘭、夏荷、秋菊、冬梅，淡淡的緋紅黛青壓在月白色的絲綢上，俯視著一張鋪著涼席的雙人床。天花板垂下來的電扇微微吹著，發出清風的聲音。這房間，仍舊一派歲月綿長、人間靜好的氣氛。

她幽幽地說話了：「女兒，與其到時候不知道東西會流落到哪裡，不如現在清清醒醒地交給你吧。」

她把盒子放在我手心，然後用兩隻手，一上一下含著我的手，眼睛卻望向灰淡的窗外，不再說話。

把盒子重新蓋上，放回抽屜裡層，我匆匆走到客廳，拿起電話，撥她的號碼；接通了，鈴聲響起，我持著聽筒走到面海的陽台，夕陽正在下沉，海水如萬片碎金動盪閃爍。直直看出去，越過海洋越過山巔越過雲層，一重一重飛越的話，應該是澳門、是越南，是緬甸，再超越就是印度，就是非洲了。台灣在日出的那頭，其實是我站在陽台怎麼都看不見的另一邊。我握緊聽筒，對著金色的渺茫，彷彿隔海呼喊：「是我，小晶，你的女兒——你記得嗎？」

2

我喜歡走路。讀書寫作累了，就出門走路。有時候，約個可愛的人，兩個人一起走，但是兩個人一起走時，一半的心在那人身上，只有一半的心，在看風景。

要真正地注視，必須一個人走路。一個人走路，才是你和風景之間的單獨私會。

我看見早晨淺淺的陽光裡，一個老婆婆弓著腰走下石階，上百層的寬闊石階氣派萬千，像山一樣高，她的身影柔弱如稻草。

我看見一隻花貓斜躺在一截頹唐廢棄的斷牆下，牽牛花開出一片濃青豔紫繽紛，花貓無所謂地伸了伸懶腰。夜色朦朧裡，我看見路燈，把人行道上變電箱的影子胡亂射在一面工地白牆上，跟路樹婆娑的枝影虛實交錯掩映，看起來就像羅蜜歐對著茱麗葉低唱情歌的那個陽台。

我看見詩人周夢蝶的臉，在我揮手送他的時候，剛好嵌在一扇開動的公車的小窗格裡，好像一整輛車，無比隆重地，在為他作相框。

我看見停在鳳凰樹枝上的藍鵲，牠身體的重量壓低了綴滿鳳凰花的枝枒。我看見一隻鞋般大小的漁船，不聲不響出現在我左邊的窗戶。

我是個攝影的幼稚園大班生，不懂得理論也沒學過操作，但是跟風景約會的時間長了，行雲流水間，萬物映在眼底，突然悟到：真正能看懂這世界的，難道竟是那機器，不是你自己的眼睛、自己的心？

「你未看此花時，此花與汝同歸於寂；你來看此花時，則此花顏色一時明白起來，便知此花不在你的心外。」

這世間的風景於我的心如此「明白」，何嘗在我「心外」？相機，原來不那麼重要，它不過是我心的註解，眼的旁白。於是把相機放進走路的背包裡，隨時取出，作「看此花時」的心筆記。

每一個被我「看見」的瞬間剎那，都被我採下，而採下的每一個當時，我都感受到一種「美」的逼迫，因為每一個當時，都稍縱即逝；稍縱，即逝。

3

在台灣、香港、新馬和美國，流傳最廣的，是「目送」。很多人說，郵箱裡起碼收到十次以上不同的朋友轉來篇文章。在中國大陸，點擊率和流傳率最高的，卻是另一篇，叫做「（不）相信」。

是不是因為，對於台灣和海外的人，「相信」或「不相信」已經不是切膚的問題，反倒個人生命中最私密、最深埋、最不可言喻的「傷逝」和「捨」，才是刻骨銘心的痛？是不是因為，在中國大陸的集體心靈旅程裡，一路走來，人們現在面對的最大關卡，是「相信」與「不相信」之間的困惑、猶豫，和艱難的重新尋找？

很難說。每個人，來到「花」前，都看見不一樣的東西，都得到不一樣的「明白」。

對於行路的我而言，曾經相信，曾經不相信，今日此刻也仍舊在尋找相信。但是面對時間，你會發現，相信或不相信都不算什麼了。因此，整本書，也就是對時間的無言，對生命的目送。

4

真的，不好說。

目錄

II 沙上有印，風中有音，光中有影

III 滿山遍野茶樹開花

I 有些路啊，只能一個人走

我慢慢地、慢慢地瞭解到，所謂父女母子一場，只不過意味著，
你和他的緣分就是今生今世不斷地在目送他的背影漸行漸遠。

目送

華安上小學第一天，我和他手牽著手，穿過好幾條街，到維多利亞小學。九月初，家家戶戶院子裡的蘋果和梨樹都綴滿了拳頭大小的果子，枝枒因為負重而沉沉下垂，越出了樹籬，勾到過路行人的頭髮。

很多很多的孩子，在操場上等候上課的第一聲鈴響。小小的手，圈在爸爸的、媽媽的手心裡，怯怯的眼神，打量著周遭。他們是幼稚園的畢業生，但是他們還不知道一個定律：一件事情的畢業，永遠是另一件事情的開啟。

鈴聲一響，頓時人影錯雜，奔往不同方向，但是在那麼多穿梭紛亂的人群裡，我無比清楚地看著自己孩子的背影——就好像在一百個嬰兒同時哭聲大作時，你仍舊能夠準確聽出自己那一個的位置。華安背著一個五顏六色的書包往前走，但是他不斷地回頭；好像穿越一條無邊無際的時空長河，他的視線和我凝望的眼光隔空交會。

我看著他瘦小的背影消失在門裡。

十六歲，他到美國作交換生一年。我送他到機場。告別時，照例擁抱，我的頭只能貼到他的胸口，好像抱住了長頸鹿的腳。他很明顯地在勉強忍受母親的深情。

他在長長的行列裡，等候護照檢驗；我就站在外面，用眼睛跟著他的背影一寸一寸往前挪。終於輪到他，在海關窗口停留片刻，然後拿回護照，閃入一扇門，倏忽不見。

我一直在等候，等候他消失前的回頭一瞥。但是他沒有，一次都沒有。

現在他二十一歲，上的大學，正好是我教課的大學。但即使是同路，他也不願搭我的車。即使同車，他戴上耳機——只有一個人能聽的音樂，是一扇緊閉的門。有時他在對街等候公車，我從高樓的窗口往下看：一個高高瘦瘦的青年，眼睛望向灰色的海；我只能想像，他的內在世界和我的一樣波濤深邃，但是，我進不去。一會兒公車來了，擋住了他的身影。車子開走，一條空蕩蕩的街，只立著一只郵筒。

我慢慢地、慢慢地瞭解到，所謂父女母子一場，只不過意味著，你和他的緣分就是今生今世不斷地在目送他的背影漸行漸遠。你站立在小路的這一端，看著他逐漸消失在小路轉彎的地方，而且，他用背影默默告訴你：不必追。

我慢慢地、慢慢地意識到，我的落寞，彷彿和另一個背影有關。

博士學位讀完之後，我回台灣教書。到大學報到第一天，父親用他那輛運送飼料的廉價小貨車長途送我。到了我才發覺，他沒開到大學正門口，而是停在側門的窄巷邊。卸下行李之後，他爬回車內，準備回去，明明啟動了引擎，卻又搖下車窗，頭伸出來說：「女兒，爸爸覺得很對不起你，這種車子實在不是送大學教授的車子。」

我慢慢地、慢慢地瞭解到，所謂父女母子一場，只不過意味著，
你和他的緣分就是今生今世不斷地在目送他的背影漸行漸遠。

我看著他的小貨車小心地倒車，然後噗噗駛出巷口，留下一團黑煙。直到車子轉彎看不見了，我還站在那裡，一口皮箱旁。

每個禮拜到醫院去看他，是十幾年後的時光了。推著他的輪椅散步，他的頭低垂到胸口。有一次，發現排泄物淋滿了他的褲腿，我蹲下來用自己的手帕幫他擦拭，裙子也沾上了糞便，但是我必須就這樣趕回台北上班。護士接過他的輪椅，我拎起皮包，看著輪椅的背影，在自動玻璃門前稍停，然後沒入門後。

我總是在暮色沉沉中奔向機場。

火葬場的爐門前，棺木是一只巨大而沉重的抽屜，緩緩往前滑行。沒有想到可以站得那麼近，距離爐門也不過五公尺。雨絲被風吹斜，飄進長廊內。我掠開雨濕了前額的頭髮，深深、深深地凝望，希望記得這最後一次的目送。

我慢慢地、慢慢地瞭解到，所謂父女母子一場，只不過意味著，你和他的緣分就是今生今世不斷地在目送他的背影漸行漸遠。你站立在小路的這一端，看著他逐漸消失在小路轉彎的地方，而且，他用背影默默告訴你：不必追。

雨兒

我每天打一通電話，不管在世界上哪個角落。電話接通，第一句話一定是：「我——是你的女兒。」如果是越洋長途，講完我就等，等那六個字穿越渺渺大氣層進入她的耳朵，那需要一點時間。然後她說：「雨兒？我只有一個雨兒。」

「對，那就是我。」

「喔，雨兒你在哪裡？」

「我在香港。」

「你怎麼都不來看我，你什麼時候來看我？」

「我昨天才去看你，今早剛離開你。」

「真的？我不記得啊。那你什麼時候來看我？」

「再過一個禮拜。」

「你是哪一位？」

「我是你的女兒。」

「雨兒？我只有一個雨兒啊。你現在在哪裡？」

「我在香港。」

「你怎麼都不來看我，你什麼時候來看我？」……

到潮州看她時，習慣獨睡的我就陪她睡。像帶孩子一樣把被子裹好她身體，放周璇的〈天涯歌女〉，把燈關掉，只留下洗手間的小燈，然後在她身邊躺下。等她睡著，再起來工作。

天微微亮，她輕輕走到我身邊，沒聲沒息地坐下來。年老的女人都會這樣嗎？身子愈來愈瘦，腳步愈來愈輕，聲音愈來愈弱，神情愈來愈退縮，也就是說，人逐漸逐漸退為影子。年老的女人，都會這樣嗎？

我一邊寫，一邊說：「幹嘛那麼早起？給你弄杯熱牛奶好嗎？」

她不說話，無聲地覷了我好一陣子，然後輕輕說：「你好像我的雨兒。」

我抬起頭，摸摸她灰白色稀疏的頭髮，說：「媽，千真萬確，我就是你的女兒。」

她極驚奇地看著我，大大地驚訝，大大地開心：「就是說嘛，我看了你半天，覺得好像，沒想到真的是你。說起來古怪，昨天晚上有個人躺在我床上，態度很友善，她也說她是我的雨兒，實在太奇怪了。」

「昨晚那個人就是我啊。」我把冰牛奶倒進玻璃杯中，然後把杯子放進微波爐。遠處隱隱傳來公雞的啼聲。

「那你又是從哪裡來的呢？」她一臉困惑。

「我從台北來看你。」

「你怎麼會從台北來呢？」她努力地想把事情弄清楚，接過熱牛奶，繼續探詢，「如果你是我的雨兒，你怎麼會不在我身邊呢？你是不是我養大的？是什麼人把你養大的呢？」

我坐下來，把她瘦弱的手捧在我掌心裡，看著她。她的眼睛還是很亮，那樣亮，在淺淺的晨光中，我竟分不清那究竟是她年輕時的鋒芒餘光，還是一層盈盈的淚光。於是我從頭說起：「你有五個兒女，一個留在大陸，四個在台灣長大。你不但親自把每一個都養大，而且四個裡頭三個是博士，沒博士的那個很會賺錢。他們全是你一手栽培的。」

眼裡滿是驚奇，她說：「這麼好？那……你是做什麼工作的？今年幾歲？結婚了沒有？」

我們從盤古開天談起，談著談著，天，一點一點亮起，陽光就從大武山那邊照了進來。

有時候，女傭帶著她到陽明山來找我。我就把時間整個調慢，帶她「台北一日遊」。第一站，洗溫泉。泡在熱氣繚繞的湯裡，她好奇地瞪著滿堂裸身的女人目不轉睛，然後開始品頭論足。我快動作抓住她的手，才能阻止她伸手去指著一個女人，大聲笑著說：「哈，不好意思啊，那個雨人好——肥喔。」

第二站，搭公車，紅五號，從白雲山莊上車。一路上櫻花照眼，
她靜靜看著窗外流蕩過去的風景，
窗玻璃映出她自己的顏容，和窗外的粉色櫻花明滅掩映；
她的眼神迷離，時空飄忽。

第二站，搭公車，紅五號，從白雲山莊上車。一路上櫻花照眼，她靜靜看著窗外流蕩過去的風景，窗玻璃映出她自己的顏容，和窗外的粉色櫻花明滅掩映；她的眼神迷離，時空飄忽。

到了士林站。我說：「媽，這是你生平第一次搭捷運，坐在這裡，給你拍一張照片。」

她嫻靜地坐下，兩手放在膝上。剛好後面有一叢濃綠的樹，旁邊坐著一個孤單的老人。

「你的雨兒要看見你笑，媽媽。」

她看著我，微笑了。我這才注意到，她穿著黑衣白領，像一個中學的女生。

十七歲

到劍橋演講，華飛從德國飛來相會。西斯羅機場到劍橋小鎮還要兩個半小時的巴士車程，我決定步行到巴士站去接他。細雨打在撐開的傘上，白色的鴿子從傘沿啪啪掠過。走過一棟又一棟十六世紀的紅磚建築，穿過一片又一片嫩青色的草坪，到了所謂巴士站，不過是一個小亭子，已經站滿了候車躲雨的人。於是我立在雨中等。

兩隻鴛鴦把彼此的頸子交繞在一起，睡在樹陰裡。橫過大草坪是一條細細的泥路，一排鵝，搖搖擺擺地往我的方向走來，好像一群準備去買菜的媽媽們。走近了，才赫然發現牠們竟然不是鵝，是加拿大野雁，在劍橋過境。

接連來了好幾班巴士，都是從西斯羅機場直達劍橋的車，一個一個從車門鑽出的人，卻都不是他。傘的遮圍太小，雨逐漸打濕了我的鞋和褲腳，寒意使我的手冰涼。等候的滋味——多久不曾這樣等候一個人了？能夠在一個陌生的小鎮上等候一輛來自機場的巴士，裡頭載著自己十七歲的孩子，挺幸福。

他出來的時候，我不立即走過去，遠遠看著他到車肚子裡取行李。十七歲的少年，兒童臉頰那種圓鼓鼓的可愛感覺已經被刀削似的線條所取代，稜角分明。他發現了我，望向我的眼睛既有感情卻又深藏不露，很深的眼睛——我是如何清晰地還記得他嬰兒時的水清見底的歡快眼睛啊。

我遞過一把為他預備的傘，被他拒絕。「這麼小的雨，」他說。「會感冒，」我說。「不要，」他說。細細的飄雨濡濕了他的頭髮。

我頓時失神；自己十七歲時，曾經多麼強烈憎惡媽媽堅持遞過來的雨傘。

放晴後，我們沿著康河散步。徐志摩的康河，原來是這種小橋流水人家的河，蜿蜒無聲地汩汩穿過芳草和學院古堡。走到一條分支小溪溝，溪邊繁星萬點，葳蕤茂盛的野花覆蓋了整個草原。這野花，不就是《詩經》裡的「蘼蕪」，《楚辭》裡的「江離」？涉過濃密的江離，看見水光粼粼的小溪裡，隱約有片白色的東西漂浮——是誰不小心落了一件白襯衫？

走近看，那白襯衫竟是一隻睡著了的白天鵝，脖子蜷在自己的鵝絨被上，旁邊一隻小鴨獨自在玩水的影子。我跪在江離叢中拍攝，感動得眼睛潮濕；華飛一旁看著我泫然欲泣的樣子，淡淡地說：「小孩！」

到國王學院對面吃早餐，典型的「英式早餐」送來了：炒蛋、煎肉、香腸、蘑菇、烤番茄……又油又膩，我拿起刀叉，突然失聲喊了出來：「我明白了。」

他看著我。

「原來，簡單的麵包果醬早餐稱做『歐陸』早餐，是相對於這種重量『英國』早餐

走近看，那白襯衫竟是一隻睡著了的白天鵝，脖子蜷在自己的鵝絨被上，旁邊一隻小鴨獨自在玩水的影子。
我跪在江離叢中拍攝，感動得眼睛潮濕；華飛一旁看著我泫然欲泣的樣子，淡淡地說，「小孩！」

而命名的。」

他笑也不笑，說：「大驚小怪，你現在才知道啊。」

然後慢慢地塗果醬，慢慢地說：「我們不稱英國人歐洲人啊，他們的一切都太不一樣了，英國人是英國人，不是歐洲人。」

走到三一學院門口，我指著一株瘦小的蘋果樹，說：「這號稱是牛頓那棵蘋果樹的後代。」他說：「你不要用手去指，像個小孩一樣。你說就好了。」

從中世紀的古街穿出來，看見幾個衣著鮮豔的非洲人圍成一圈在跳舞，立牌上貼著海報，抗議辛巴布威總統的獨裁暴力統治，流亡國外的人數、經濟下跌的指標，看起來怵目驚心。我說，我只注意蘇丹的殺戮，不知道辛巴布威有這樣的嚴重獨裁。他說：「你不知道啊？辛巴布威本來被稱為『非洲的巴黎』呢，經濟和教育都是最先進的，可是木蓋博總統的高壓統治，使辛巴布威現在幾乎是非洲最落後的國家了，而且饑荒嚴重，很多人餓死。」

經過聖約翰學院，在一株巨大的栗子樹上我發現一隻長尾山雉，興奮地指給華飛看——他卻轉過身去，一個快步離我五步之遙，站定，說：「拜託，媽，不要指，不要指，跟你出來實在太尷尬了。你簡直就像個沒見過世面的五歲的小孩！」

愛情

從劍橋到了倫敦，我們住進了林布蘭酒店。以荷蘭最偉大的畫家做為酒店的名字，大概已經在昭示自己的身分和品味了。拉開窗簾，以為可以看到雄偉的維多利亞阿伯特博物館，卻發現窗正對著後院，看出去只是一片平凡而老舊的磚造公寓建築。有點失望，正要拉上窗簾轉身的那一瞬，眼角波光流動間瞥見建築的顏色和線條，頓時建築隱退，顏色和線條鏤空浮現，顏色深淺參差，線條黑墨分明，微風剛好吹起柔軟的淡紫色的窗簾布；那一扇一扇窗的豎與橫之間，彷彿是一種佈局，樓與樓的彼此依靠和排拒之間，又像在進行一種埋伏的對話——我不禁停下來，凝視窗外，凝得入神，直到一隻鴿子突然驚起，「嘩」地一聲橫過。

我們沿著克倫威爾大道慢步行往白金漢宮的方向。華飛說，高二德文課正在讀《少年維特的煩惱》，課堂上討論得很仔細。

「喔？老師怎麼說？」我興味十足地看著他——我也是高二的時候讀這本書的呀，在一九六九年的台灣，一邊讀歌德，一邊讀瓊瑤。一七七四年《維特的煩惱》出版後，說是有兩千個歐洲青年效法維特為愛自殺。拿破崙在東征西討的殺伐中，總是隨身攜帶著這本愛情小書。

「你一定不相信老師怎麼說的，」華飛笑著，「老師跟我們說：你們可不要相信這種『純純』的愛。事實上，愛情能持久多半是因為兩人有一種『互利』的基礎。沒有『互利』的關係，愛情是不會持久的。」

我很驚奇地看著他，問：「你同意他的說法？」

華飛點點頭。

我飛快地回想十七歲的自己：我，還有我的同齡朋友們，是相信瓊瑤的。凡是男的都要有深邃而痛苦的眼睛，女的都會有冰冷的小手和火燙的瘋狂的熱情。愛情是只有靈沒有肉的，是澎湃洶湧一發不可收拾的；唯美浪漫、純情而帶著毀滅性的愛情，才是最高境界的愛情。

華飛以好朋友約翰為例，正在給我作解說：「你看，約翰的爸媽離婚了，約翰爸爸和現在的女朋友就可能持久，因為，第一，約翰爸爸是個銀行總經理，女朋友是個祕書，她得到社會和經濟地位的提升。第二，約翰媽媽是大學校長，約翰爸爸受不了約翰媽媽這麼優秀；現在跟自己的祕書在一起，祕書不管是學識還是地位還是聰明度都不如自己，他得到安全感和自我優越感。在這樣『互利』的基礎上，我判斷他們的關係可能會持久。」

我兩眼發直地瞪著自己十七歲的兒子，說：「老天，你——怎麼會知道這些？」

早上，燦亮的陽光撲進來，華飛還睡著。我打開窗簾，看窗外那一片平凡而現實的風景。
心想，在平凡和現實裡，也必有巨大的美的可能吧。

他瞅著我，明顯覺得我大驚小怪，「這什麼時代啊，媽？」

晚上，倫敦街頭下起小雨，我們在雨中快步奔走，趕往劇場，演出的是《伊芙塔》，以阿根廷沛龍總理的夫人生平為故事的音樂劇。我們還是遲到了，《阿根廷，別為我哭泣》的熟悉旋律從劇場的門縫裡傳出來。

四十八歲享有盛名的沛龍將軍在一個慈善舞會裡邂逅二十四歲光豔照人的伊芙塔。舞台上，燈光迷離，音樂柔媚，伊芙塔漸漸舞近沛龍——我低聲對華飛說：「你看，權力和美色交換，『互利』理論又來了……」

華飛小聲地回覆：「媽，拜託，我才十七歲，不要教我這麼多黑暗好不好？德文老師跟你一樣，都不相信愛情。我才十七歲，我總得相信點什麼吧?!」

我有好一陣子一邊看戲一邊心不在焉。他的問題——唉，我實在答不出來。

早上，燦亮的陽光撲進來，華飛還睡著。我打開窗簾，看窗外那一片平凡而現實的風景。心想，在平凡和現實裡，也必有巨大的美的可能吧。

山路

五萬人湧進了台中的露天劇場；有風，天上的雲在遊走，使得月光忽隱忽現，你注意到，當晚的月亮，不特別明亮，不特別油黃，也不特別圓滿，像一個用手掰開的大半邊葡萄柚，隨意被擱在一張桌子上，彷彿尋常家用品的一部分。一走進劇場，卻突然撲面而來密密麻麻一片人海，令人屏息震撼：五萬人同時坐下，即使無聲也是一個隆重的宣示。

歌聲像一條柔軟絲帶，伸進黑洞裡一點一點誘出深藏的記憶；群眾跟著音樂打拍，和著歌曲哼唱，哼唱時陶醉，鼓掌時動容，但沒有尖叫跳躍，也沒有激情推擠，這，是四五十歲的一代人。

老朋友蔡琴出場時，掌聲雷動，我坐在第二排正中，安靜地注視她，想看看——又是好久不見，她瘦了還是胖了？第一排兩個討厭的人頭擋住了視線，我稍稍挪動椅子，插在這兩個人頭的中間，才能把她看個清楚。今晚蔡琴一襲青衣，衣袂在風裡翩翩蝶動，顯得飄逸有致。

媒體湧向舞台前，鎂光燈爍爍閃個不停。她笑說，媒體不是為了她的「歌」而來的，是為了另一件「事」。然後音樂靜下，她開口清唱：「是誰在敲打我窗／是誰在撩動琴弦——」。蔡琴的聲音，有大河的深沉，黃昏的惆悵，又有宿醉難醒的纏綿。她低低地唱著，餘音繚繞然後嘎然而止時，人們報以狂熱的掌聲。她說，你們知道的是我的歌，你們不知道的是我的人生，而我的人生對你們並不重要。

在海浪一樣的掌聲中，我沒有鼓掌，我仍舊深深地注視她。她說的「事」，是她前夫至愛導演楊德昌的死。她說的「人生」，是她自己的人生；但是人生，除了自己，誰可能知道？一個曾經愛得不能自拔的人死了；蔡琴，你的哪一首歌，是在追悼，哪一首歌，是在告別，哪一首歌，是在重新許諾，哪一首歌，是在為自己作永恆的準備？

擋了我視線的兩個人頭，一個是胡志強的。一年前中風，他走路時有些微跛，使得他的背影看起來特別憨厚。他的身邊緊挨著自己大難不死的妻，少了一條手臂。胡志強拾起妻的一隻纖弱的手，迎以自己一隻粗壯的手，兩人的手掌合起來鼓掌，是患難情深，更是歲月滄桑。

另一個頭，是馬英九的。能說他在跟五萬個人一起欣賞民歌嗎？還是說，他的坐著，其實是奔波，他的熱鬧，其實是孤獨，他，和他的政治對手們，所開的車，沒有「R」檔，更缺空檔。

我們這一代人，錯錯落落走在歷史的山路上，前後拉得很長。同齡人推推擠擠走在一塊，或相濡以沫，或怒目相視。年長一點的默默走在前頭，或遲疑徘徊，或漠然而果

才子當然心裡冰雪般地透徹：有些事，只能一個人做。有些關，只能一個人過。有些路啊，只能一個人走。

決。前後雖隔數里，聲氣婉轉相通，我們是同一條路上的同代人。

蔡琴開始唱〈恰似你的溫柔〉，歌聲低回流蕩，人們開始和聲而唱：

某年某月的某一天　就像一張破碎的臉
難以開口道再見　就讓一切走遠
這不是件容易的事　我們卻都沒有哭泣
讓它淡淡的來　讓它好好的去

我壓低帽沿，眼淚，實在忍不住了。今天是七月七號的晚上，前行者沈君山三度中風陷入昏迷的第二晚。這裡有五萬人幸福地歡唱，掌聲、笑聲、歌聲，混雜著城市的燈火騰躍，照亮了粉紅色的天空。此刻，一輩子被稱為「才子」的沈君山，一個人在加護病房裡，一個人。

才子當然心裡冰雪般地透徹：有些事，只能一個人做。有些關，只能一個人過。有些路啊，只能一個人走。

寂寞

曾經坐在台北市議會的議事大廳中，議員對著麥克風咆哮，官員在掙扎解釋，記者的鎂光燈閃爍不停，語言的刀光劍影在政治的決鬥場上咄咄逼人。我望向翻騰暴烈的場內，調整一下自己眼睛的聚焦，像魔術一樣，「倏」一下，議場頓時往百步外退去，縮小，聲音全滅，所有張開的嘴巴、圓瞪的眼睛、誇張的姿態、拍打桌子的揚起的手，一瞬間變成黑白默片中無聲的慢動作，緩緩起，慢慢落……

我坐在風暴中心，四周卻一片死靜，這時，寂寞的感覺，像沙塵暴的漫天黑塵，以鬼魅的流動速度，細微地滲透地包圍過來。

曾經三十天蟄居山莊，足不離戶，坐在陽台上記錄每天落日下山的分秒和它落下時與山稜碰觸的點的移動。有時候，迷航的鳥不小心飛進屋內，拍打著翅膀從一個書架闖到另一個書架，迷亂驚慌地尋找出路。

在特別濕潤的日子裡，我將陽台落地玻璃門大大敞開，站在客廳中央，守著遠處山頭的一朵雲，看著這朵雲，從山峰那邊瀰漫飄過來、飄過來，越過陽台，全面進入我的客廳，把我包裹在內，而後流向每個房間，最終分成小朵，從不同的窗口飄出，回歸山嵐。

冰箱是空的。好朋友上山探視，總是帶點牛奶麵包，像一個社會局的志工去探視獨居老人。真正斷炊的時候，我黃昏出門散步，山徑邊有農人的菜田，長出田陌的野菜，隨興拔幾把回家，也能煮湯。

夏天的夜空，有時很藍。我總是看見金星早早出現在離山稜很近的低空，然後月亮就上來了。野風吹著高高的楓香樹，葉片颯颯作響。老鷹獨立樹梢，沉靜地俯視開闊的山谷，我獨立露台，俯視深沉的老鷹。

我細細在想，寂寞，是個什麼狀態；寂寞，該怎麼分類？

有一年的十二月三十一日晚上，朋友們在我的山居相聚，飲酒談天，十一時半，大夥紛紛起立，要趕下山，因為，新年舊年交替的那一刻，必須和家裡那個人相守。朋友們離去前還體貼地將酒杯碗盤洗淨，然後是一陣車馬滾滾啟動、深巷寒犬交吠的聲音。五分鐘後，一個詩人從半路上來電，電話上欲言又止，意思是說，大夥午夜前刻一哄而散，把我一個人留在山上，好像……他說不下去。

我感念他的友情溫柔，也記得自己的答覆：「親愛的，難道你覺得，兩個人一定比一個人不寂寞嗎？」

他一時無語。

真正斷炊的時候，我黃昏出門散步，山徑邊有農人的菜田，
長出田陌的野菜，隨興拔幾把回家，也能煮湯。

寂坐時，常想到晚明張岱。他寫湖心亭：

崇禎五年十二月，余住西湖。大雪三日，湖中人鳥聲俱絕。是日，更定矣，余拏一小舟，擁毳衣爐火，獨往湖心亭看雪。霧淞沆碭，天與雪、與山、與水，上下一白。湖上影子，惟長堤一痕，湖心亭一點，與余舟一芥，舟中人兩三粒而已。

深夜獨自到湖上看大雪，他顯然不覺寂寞——寂寞可能是美學的必要。但是，國破家亡、人事全非、當他在為自己寫墓誌銘的時候呢？

蜀人張岱，陶庵其號也。少為紈袴子弟，極愛繁華，好精舍，好美婢，好孌童，好鮮衣，好美食，好駿馬，好華燈，好煙火，好梨園，好鼓吹，好古董，好花鳥，兼以茶淫橘虐，書蠹詩魔，勞碌半生，皆成夢幻。

年至五十，國破家亡，避跡山居。所存者，破床碎几，折鼎病琴與殘書數帙，缺硯一方而已。布衣疏莨，常至斷炊。回首二十年前，真如隔世。

有一種寂寞，身邊添一個可談的人，一條知心的狗，或許就可以消滅。有一種寂寞，茫茫天地之間「余舟一芥」的無邊無際無著落，人只能各自孤獨面對，素顏修行。

（不）相信

二十歲之前相信的很多東西，後來一件一件變成不相信。

曾經相信過愛國，後來知道「國」的定義有問題，通常那諄諄善誘要你愛國的人所定義的「國」，不一定可愛，不一定值得愛，而且更可能值得推翻。

曾經相信過歷史，後來知道，原來歷史的一半是編造。前朝史永遠是後朝人在寫，後朝人永遠在否定前朝，他的後朝又來否定他，但是負負不一定得正，只是累積漸進的扭曲變形移位，使真相永遠掩蓋，無法復原。說「不容青史盡成灰」，表達的正是，不錯，青史往往是要成灰的。指鹿為馬，也往往是可以得逞和勝利的。

曾經相信過文明的力量，後來知道，原來人的愚昧和野蠻不因文明的進展而消失，只是愚昧野蠻有很多不同的面貌：純樸的農民工人、深沉的知識分子、自信的政治領袖、替天行道的王師，都可能有不同形式的巨大愚昧和巨大野蠻，而且野蠻和文明之間，竟然只有極其細微、隨時可以被抹掉的一線之隔。

曾經相信過正義，後來知道，原來同時完全可以存在兩種正義，而且彼此牴觸，冰火不容。選擇其中之一，正義同時就意味著不正義。而且，你絕對看不出，某些人在某一個特定的時機熱烈主張某一個特定的正義，其中隱藏著深不可測的不正義。

曾經相信過理想主義者，後來知道，理想主義者往往禁不起權力的測試：一掌有權力，他或者變成當初自己誓死反對的「邪惡」，或者，他在現實的場域裡不堪一擊，一下就被弄權者拉下馬來，完全沒有機會去實現他的理想。理想主義者要有品格，才能不被權力腐化；理想主義者要有能力，才能將理想轉化為實踐。可是理想主義者兼具品格及能力者，幾希。

曾經相信過愛情，後來知道，原來愛情必須轉化為親情才可能持久，但是轉化為親情的愛情，猶如化入杯水中的冰塊——它還是那玲瓏剔透的冰塊嗎？

曾經相信過海枯石爛作為永恆不滅的表徵，後來知道，原來海其實很容易枯，石，原來很容易爛。雨水，很可能不再來，滄海，不會再成桑田。原來，自己腳下所踩的地球，很容易被毀滅。海枯石爛的永恆，原來不存在。

二十歲之前相信的很多東西，有些其實到今天也還相信。

譬如國也許不可愛，但是土地和人可以愛。譬如史也許不能信，但是對於真相的追求可以無止盡。譬如文明也許脆弱不堪，但是除文明外我們其實別無依靠。譬如正義也許極為可疑，但是在乎正義比不在乎要安全。譬如理想主義者也許成就不了大事大業，但是沒有他們社會一定不一樣。譬如愛情總是幻滅的多，但是螢火蟲在夜裡發光從來就不是為了保持光。譬如海枯石爛的永恆也許不存在，但是如果一粒沙裡有一個無窮的宇宙，一剎那裡想必也有一個不變不移的時間。

那麼，有沒有什麼，是我二十歲前不相信的，現在卻信了呢？

有的，不過都是些最平凡的老生常談。曾經不相信「性格決定命運」，現在相信了。曾經不相信「色即是空」，現在相信了。曾經不相信「船到橋頭自然直」，現在有點信了。曾經不相信無法實證的事情，現在也還沒準備相信，但是，有些無關實證的感覺，我明白了，譬如李叔同圓寂前最後的手書：「君子之交，其淡如水，執象而求，咫尺千里。問余何適，廓爾忘言，華枝春滿，天心月圓。」

相信與不相信之間，令人沉吟。

1964

不曾出席過同學會的我，今天去了小學同學會。五十六歲的我，想看看當年十二歲的玩伴們今天變成了什麼樣。

那是一九六四年，民國五十三年。

一月十八日，紐約宣布了建築世貿中心雙子大樓的具體計畫。

一月二十一日，湖口「兵變」。

五月三日，台灣第一條快速公路完工通車，以剛剛過世的麥克阿瑟命名。

六月十二日，南非曼德拉被判無期徒刑。受審時，他在法庭上慷慨陳詞，「我願從容就義。」

十月一日，世界第一條高鐵，東京大阪間的新幹線，開始通車。同時，奧運會第一次在亞洲舉辦，東京面對國際。

十月五日，六十四個東德人利用挖掘的地道逃亡西德。

十月十六日，中國第一次試爆原子彈成功。

十二月十日，馬丁・路德・金得到諾貝爾和平獎。

十二月十一日，切・格瓦拉在聯合國發表演講。

那一年，我們十二歲，我們的父親們平均壽命是六十四歲，母親們是六十九歲。

鄉下孩子的世界單純而美好。學校外面有野溪，被濃密的熱帶植物沿岸覆蓋，莓果的香甜氣息混在空氣裡，令人充滿莫名的幸福感。溪水清澈如許，赤足其中，低頭便可見透明的細蝦和黑油油的蝌蚪在石頭間遊走。羽毛豔麗的大鳥在蓊鬱的樹叢裡忽隱忽現，發出古老而神祕的叫聲。頭髮裡黏著野草，帶著一身泥土氣，提著鞋，褲腳半捲，走進學校，遠遠就看見教室外一排鳳凰木，在七月的暑氣裡，滿樹紅花，一片斑斕。蟬，開始鳴起。

進入教室坐下，國語老師慢悠悠地教詩。念詩時，他晃著腦袋，就像古時候的書院山長。他談做人的道理，因為，那是個有「座右銘」的時代：我們的書桌都有一張透明的玻璃，玻璃下面壓著對自己的提醒、勉勵、期許。我們的日記本裡，每隔幾頁就有一張人生格言語錄。作文課，常常會碰到的題目是，「我的座右銘」：助人為快樂之本。要怎麼收穫，便怎麼耕耘。羅馬不是一天造成的。友直、友諒、友多聞，益矣。我知故我在。人生有如釣魚，一竿在手，希望無窮。天行健，君子以自強不息。今日事，今日畢。

講台上的老師，用諄諄善誘的口吻說：「你們的前途是光明的，只要努力……」

五十六歲的我們，圍著餐桌而坐，一一站起來自我介紹，因為不介紹，就認不出誰是誰。我們的眼睛暗了，頭髮白了，密密的皺紋自額頭拉到嘴角；從十二歲到五十六歲，中間發生了什麼？

如果，在我們十二歲那一年，窗外同樣有火紅燒天的鳳凰花，溪裡照樣是魚蝦戲水於潺潺之間，野蛇沿著熱帶長青藤緩慢爬行，然後趴到石塊上曬太陽，如果，我們有這麼一個靈魂很老的人，坐在講台上，用和煦平靜的聲音跟我們這麼說：

「孩子們，今天十二歲的你們，在四十年之後，如果再度相聚，你們會發現，在你們五十個人之中，會有兩個人患重度憂鬱症，兩個人因病或意外死亡，五個人還在為每天的溫飽困難掙扎，三分之一的人覺得自己婚姻不很美滿，一個人會因而自殺，兩個人患了癌症。

你們之中，今天最聰明、最優秀的四個孩子，兩個人會成為醫生或工程師或商人，另外兩個人會終其一生落魄而艱辛。所有其他的人，會經歷結婚、生育、工作、退休，人生由淡淡的悲傷和淡淡的幸福組成，在小小的期待、偶爾的興奮和沉默的失望中度過每一天，然後帶著一種想說卻又說不來的『懂』，作最後的轉身離開。」

如果在我們十二歲那年，有人跟我們這樣上課，會怎麼樣？

當然，沒有一個老師，會對十二歲的孩子們這樣說話。因為，這，哪能作人生的「座右銘」呢？

你們之中，今天最聰明、最優秀的四個孩子，兩個人會成為醫生或工程師或商人，
另外兩個人會終其一生落魄而艱辛。
所有其他的人，會經歷結婚、生育、工作、退休，
人生由淡淡的悲傷和淡淡的幸福組成。

明白

二十歲的時候，我們的媽媽們五十歲。我們是怎麼談她們的？

我和家萱在一個浴足館按摩，並排懶坐，有一句沒一句地閒聊。一面落地大窗，外面看不進來，我們卻可以把過路的人看個清楚。

這是上海，這是衡山路。每一個亞洲城市都曾經有過這麼一條路——餐廳特別時髦，酒吧特別昂貴，時裝店冷氣極強、燈光特別亮，牆上的海報一定有英文或法文寫的「米蘭」或「巴黎」。最突出的是走在街上的女郎，不管是露著白皙的腿還是纖細的腰，不管是小男生樣的短髮配牛仔褲還是隨風飄起的長髮配透明的絲巾，一顰一笑之間都輻射著美的自覺。每一個經過這面大窗的女郎，即使是獨自一人，都帶著一種演出的神情和姿態，美美地走過。她們在愛戀自己的青春。

家萱說，我記得啊，我媽管我管得煩死了，從我上小學開始，她就怕我出門被強姦，到了二十幾歲還不准我超過十二點回家，每次晚回來她都一定要等門，然後也不開口說話，就是要讓你「良心發現、自覺慚愧」。我媽簡直就是個道德警察。

我說，我也記得啊，我媽給我印象最深的就是她的「放肆」。那時在美國電影上看見演「母親」的講話輕聲細氣的，渾身是優雅「教養」。我想，我媽也是杭州的綢緞莊大小姐，怎麼這麼「豪氣」啊？當然，逃難，還生四個小孩，管小孩吃喝拉撒睡的日子，人怎麼細得起來？她講話聲音大，和鄰居們講到高興時，會笑得驚天動地。她不怒則已，一怒而開罵時，正氣凜然，轟轟烈烈，被罵的人只能抱頭逃竄。

現在，我們自己五十多歲了，媽媽們成了八十多歲的「老媼」。

「你媽時光會錯亂嗎？」她問。

會啊，我說，譬如有一次帶她到鄉下看風景，她很興奮，一路上說個不停：「這條路走下去轉個彎就是我家的地。」或者說：「你看你看，那個山頭我常去收租，就是那裡。」我就對她說：「媽，這裡你沒來過啦。」她就開罵了：「亂講，我就住在這裡，我家就在那山谷裡，那裡還有條河，叫新安江。」

我才明白，這一片台灣的美麗山林，彷彿浙江，使她忽然時光轉換回到了自己的童年。她的眼睛發光，孩子似的指著車窗外，「佃農在我家地上種了很多楊梅、桃子，我爸爸讓我去收租，佃農都對我很好，給我一大堆果子帶走，我還爬很高的樹呢。」

「你今年幾歲，媽？」我輕聲問她。

她眼神茫然，想了好一會兒，然後很小聲地說：「我……我媽呢？我要找我媽。」

家萱的母親住在北京一家安養院裡。「開始的時候，她老說有人打她，剃她頭髮，聽得我糊塗——這個安養院很有品質，怎麼會有人打她？」家萱的表情有點憂鬱，「後

她的眼睛發光，孩子似的指著車窗外，「佃農在我家地上種了很多楊梅、桃子，我爸爸讓我去收租，佃農都對我很好，給我一大堆果子帶走，我還爬很高的樹呢。」「你今年幾歲，媽？」我輕聲問她。

來我才弄明白，原來她回到了文革時期。年輕的時候，她是工廠裡的出納，被拖出去打，讓她洗廁所，把她剃成陰陽頭——總之，就是對人極盡的侮辱。」

在你最衰弱的時候，卻回到了最暴力、最恐怖的世界——我看著沉默的家萱，「那……你怎麼辦？」

她說：「想了好久，後來想出一個辦法。我自己寫了個證明書，就寫『某某人工作努力，態度良好，愛國愛黨，是本廠優良職工，已經被平反，恢復一切待遇。』然後還刻了一個好大的章，叫什麼什麼委員會，蓋在證明書上。告訴看護說，媽媽一說有人打她，就把這證書拿出來給她看。」

我不禁失笑，怎麼我們這些五十歲的女人都在做一樣的事啊。我媽每天都在數她錢包裡的鈔票，每天都邊數邊說「我沒錢，哪裡去了？」我們跟她解釋說她的錢在銀行裡，她就用那種懷疑的眼光盯著你看，然後還是時時刻刻緊抓著錢包，焦慮萬分。怎麼辦？我於是打了一個「銀行證明」：「茲證明某某女士在本行存有五百萬元整」，然後下面蓋個方方正正的章，紅色的，正的反的連蓋好幾個，看起來很衙門，很威風。我交代印傭：「她一提到錢，你就把這證明拿出來讓她看。」我把好幾副老花眼鏡也備妥，跟「銀行證明」一起放在她床頭抽屜。錢包，塞在她枕頭下。

按摩完了，家萱和我的「媽媽手記」技術交換也差不多了。落地窗前突然又出現一個年輕的女郎，寬闊飄逸的絲綢褲裙，小背心露背露肩又露腰，一副水靈靈的妖嬌模樣；她的手指一直繞著自己的髮絲，帶著給別人看的淺淺的笑，款款行走。從哪裡來，往哪裡去，心中漸漸有一分明白，如月光瀉地。

什麼

我有一種鄉下人特有的愚鈍。成長在鄉村海畔，不曾識都會繁華，十八歲才第一次看見同齡的女生用瓶瓶罐罐的化妝品，才發現並非所有的女生都和我一樣，早上起來只知清水洗素顏。在台南的鳳凰樹下閒散讀書，亦不知何謂競爭和進取；畢業後到了台北，大吃一驚，原來台北人人都在考托福，申請留學。

這種愚鈍，會跟著你一生一世。在人生的某些方面，你永遠是那最後「知道」的人。譬如，年過五十，蒼茫獨行間，忽然驚覺，咦，怎麼這麼多的朋友在讀佛經？他們在找什麼我不知道的東西？

表面上毫無跡象。像三十歲時一樣意興風發，我們議論文壇的蜚短流長，我們憂慮政事的空耗和價值的錯亂，我們商量什麼事情值得行動、什麼理想不值得期待，我們臧否人物、解析現象、辯論立場，我們也飲酒、品茶、看畫、吃飯，我們時而微言大義，時而聒噪無聊，也常常言不及義。

可是，沒有人會說：「我正在讀《金剛經》。」

會發現他們的祕密，是因為我自己開始求索生死大問，而愚鈍如我會開始求索生死大問是因為父親的死亡，像海上突來閃電把夜空劈成兩半，天空為之一破，讓你看見了這一生從未見過的最深邃的裂縫、最神祕的破碎、最難解的滅絕。

於是可能在某個微雨的夜晚，一盞寒燈，二三飲者，在觥籌交錯之後突然安靜下來，嗒然若失，只聽窗外風穿野林肅肅，山川一時寂寥。

「你們看見了我看見的嗎？」我悄聲問。

這時，他們不動聲色，手裡的高腳酒杯開始輕輕搖晃，絳紅色的酒微微蕩漾但絕不濺溢。一個點頭說：「早看見了。」另一個搖頭說：「汝之開悟，何其遲也。」然後前者說：「你就從《楞嚴經》開始讀吧。」後者說：「春分將至，或可赴恆河一遊。」

我驚愕不已：嗄，你們都考過了「托福」啊？

我想到那能詩能畫能樂、又曾經充滿家國憂思的李叔同，三十八歲就決定放下，毅然出家——他究竟看見了什麼？夏丏尊在父喪後，曾經特別到杭州定慧寺去探望李叔同，李叔同所贈字，就是《楞嚴經》的經文：

> 善哉阿難！汝等當知，一切眾生，從無始來，生死相續，皆由不知常住真心，性淨明體；用諸妄想，此想不真，固有輪轉……

弘一法師在自己母親的忌日，總是點亮油燈，磨好濃墨，素心書寫《無常經》：

有三種法，於諸世間，是「不可愛」，是「不光澤」，是「不可念」，是「不稱意」。何者為三，謂「老、病、死」。

他是否很早就看見了我很晚才看見的？

我們的同代人，大隱者周夢蝶，六、七歲時被大人問到遠大志願時，說的是：「我只要這樣小小一小塊地（舉手在空中畫了個小圓圈）；裡頭栽七棵蒜苗，就這樣過一輩子。」夢蝶今年八十六歲了，過的確實就是「一小塊地七棵蒜苗」的一輩子。是不是他早慧異於尋常，六、七歲時就已知道「不可愛」、「不光澤」、「不可念」、「不稱意」在生命本質上的意義，否則，他怎麼會在城市陋巷的幽晦騎樓裡，在那極其蒼白又迷惘荒涼的五十年代時光裡，寫下這樣的詩句：

所有美好的都已美好過了
甚至夜夜來弔唁的蝶夢也冷了
是的，至少你還有虛無留存
你說。至少你已懂得什麼是什麼了
是的，沒有一種笑是鐵打的
甚至眼淚也不是……

我們的同代人，大隱者周夢蝶，六、七歲時被大人問到遠大志願時，
說的是：「我只要這樣小小一塊地；裡頭栽七棵蒜苗，就這樣過一輩子。」
夢蝶今年八十六歲了，過的確實就是「一小塊地七棵蒜苗」的一輩子。

也是五十年代，彼得・席格把《聖經・傳道書》裡的詩譜成了曲，旋律甜美輕快，使人想跳舞，可是那詞，傾聽之下總使我眼睛潮濕，喉頭酸楚：

凡事都有定期、天下萬務都有定時
生有時、死有時
栽種有時、拔出所栽種的、也有時
殺戮有時、醫治有時，拆毀有時、建造有時
哭有時、笑有時，哀慟有時、跳舞有時
拋擲石頭有時、堆聚石頭有時
懷抱有時、不懷抱有時
尋找有時、放手有時，保持有時、捨棄有時
撕裂有時、縫補有時，靜默有時、言語有時
喜愛有時、恨惡有時，爭戰有時、和好有時

難的是，你如何辨識尋找和放手的時刻，你如何懂得，什麼是什麼呢？

共老

我們走進中環一個公園。很小一塊綠地，被四邊的摩天大樓緊緊裹著，大樓的頂端插入雲層，底部小公園像大樓與大樓之間一張小小吊床，盛著一捧青翠。

淙淙流水旁看見一塊凹凸有致的岩石，三個人各選一個角，坐了下來。一個人仰望天，一個人俯瞰地，我看一株樹，矮墩墩的，樹葉油亮茂盛，擠成一團濃郁的深綠。

這三個人，平常各自忙碌。一個，經常一面開車一面上班，電話一個接一個，總是在一個紅綠燈與下一個紅綠燈之間做了無數個業務的交代。睡覺時，手機開著，放在枕邊。另一個，天還沒亮就披上白袍開始巡房，吃飯時腰間機器一響就接，放下筷子就往外疾走。和朋友痛快飲酒時，一個人站到角落裡摀著嘴小聲說話，仔細聽，他說的多半是：「屍體呢？」「家屬到了沒？」「從幾樓跳的？幾點鐘？」然後不動聲色地回到熱鬧的餐桌。人們問：「怎麼了？」他說：「沒什麼。」大夥散時，他就一個人匆匆上路，多半在夜色迷茫的時候。

還有我自己，總是有讀不完的書，寫不完的字，走不完的路，看不完的風景，想不完的事情，問不完的問題，愛不完的蟲魚鳥獸花草樹木。忙，忙死了。

可是我們決定一起出來走走。三個人，就這樣漫無目的地行走，身上沒有一個包袱，手裡沒有一張地圖。

然後，我就看見牠了。

在那一團濃郁的深綠裡，藏著一隻濃郁深綠的野鸚鵡，正在啄吃一粒綠得發亮的楊桃。我靠近樹，仰頭仔細看牠。野鸚鵡眼睛圓滾滾地，也看著我。我們就在那楊桃樹下對看。

另外兩個人，也悄悄走了過來。三個人，就那樣立在樹下，仰著頭，屏息，安靜，凝視許久，一直到野鸚鵡將楊桃吃完，吐了核，拍拍翅膀，「嘩」一下飛走。

我們相視而笑，好像剛剛經過一個祕密的宗教儀式，然後開始想念那缺席的一個人。

是一個陽光溫煦、微風徐徐的下午。我看見他們兩鬢多了白髮，因此他們想必也將我的日漸憔悴看在眼裡。我在心疼他們眼神裡不經意流露的風霜，那麼——他們想必也對我的流離覺得不捨？

只是，我們很少說。

多麼奇特的關係啊。如果我們是好友，我們會彼此探問，打電話、發簡訊、寫電郵、相約見面，表達關懷。如果我們是情人，我們會朝思暮想，會噓寒問暖，會百般牽掛，因為，情人之間是一種如膠似漆的黏合。如果我們是夫妻，只要不是怨偶，我們會

有時候，我們問：母親也走了以後，你我還會這樣相聚嗎？
我們會不會，像風中轉蓬一樣，各自滾向渺茫，相忘於人生的荒漠？

朝夕相處，會耳提面命，會如影隨形，會爭吵，會和好，會把彼此的命運緊緊纏繞。

但我們不是。我們不會跟好友一樣殷勤探問，不會跟情人一樣常相廝磨，不會跟夫婦一樣同船共渡。所謂兄弟，就是家常日子平淡過，各自有各自的工作和生活、各自做各自的抉擇和承受。我們聚首，通常不是為了彼此，而是為了父親或母親。聚首時即使促膝而坐，也不必然會談心。即使談心，也不必然有所企求——自己的抉擇，只有自己能承受，在我們這個年齡，已經了然在心。有時候，我們問：母親也走了以後，你我還會這樣相聚嗎？我們會不會，像風中轉蓬一樣，各自滾向渺茫，相忘於人生的荒漠？

然而，又不那麼簡單，因為，和這個世界上所有其他的人都不一樣，我們從彼此的容顏裡看得見當初。我們清楚地記得彼此的兒時——老榕樹上的刻字、日本房子的紙窗、雨打在鐵皮上咚咚的聲音、夏夜裡的螢火蟲、父親念古書的聲音、母親快樂的笑、成長過程裡一點一滴的羞辱、挫折、榮耀和幸福。有一段初始的生命，全世界只有這幾個人知道，譬如你的小名，或者，你在哪棵樹上折斷了手。

南美洲有一種樹，雨樹，樹冠巨大圓滿如罩鐘，從樹冠一端到另一端可以有三十公尺之遙。陰天或夜間，細葉合攏，雨，直直自葉隙落下，所以葉冠雖巨大且密，樹底的小草，卻茵茵然蔥綠。兄弟，不是永不交叉的鐵軌，倒像同一株雨樹上的枝葉，雖然隔開三十公尺，但是同樹同根，日開夜闔，看同一場雨直直落地，與樹雨共老，挺好的。

如果

他一上來我就注意到了。老伯伯，留著平頭，髮色灰白，神色茫然，有點像個走失的孩子。裹著一件淺褐色的夾克，一個皮包掛在頸間，手裡拄著枴杖，步履艱難地走進機艙。其他的乘客拖著輪轉行李箱，昂首疾步往前，他顯得有點慌張，低頭看自己的登機證，抬頭找座位號碼。不耐煩的人從他身邊用力擠過去，把他壓得身體往前傾。他終於在我左前方坐下來，懷裡緊抱著皮包，裡頭可能是他所有的身分證明。枴杖有點太長，他彎腰想把它塞進前方座椅下面，一陣忙亂，服務員來了，把它抽出來，拿到前面去擱置。老伯伯伸出手臂，用很濃的甘陝鄉音向著小姐的背影說：「要記得還給我啊。」

我低頭讀報。

台北往香港的飛機，一般都是滿的，但是並非所有的人都是去香港的。他們的手，緊緊握著台胞證，在香港機場下機、上機，下樓、上樓，再飛。到了彼岸，就消失在大江南北的版圖上，像一小滴水無聲無息落進茫茫大漠裡。老伯伯孤單一人，步履蹣跚行走千里，在門與門之間顛簸，在關與關之間折騰，不必問他為了什麼；我太知道他的身世。

當他垂垂老時，他可以回鄉了，山河仍在，春天依舊，只是父母的墳，
在太深的草裡，老年僵硬的膝蓋，無法跪拜。鄉里，已無故人。

他曾經是個眼睛如小鹿、被母親疼愛的少年，心裡懷著鶯飛草長的輕快歡欣，期盼自己長大，幻想人生大開大闔的種種方式。唯一他沒想到的方式，卻來臨了，戰爭像突來的颶風把他連根拔起，然後惡意棄置於陌生的荒地。在那裡，他成為時代的孤兒，墮入社會底層，從此一生流離，半生坎坷。當他垂垂老時，他可以回鄉了，山河仍在，春天依舊，只是父母的墳，在太深的草裡，老年僵硬的膝蓋，無法跪拜。鄉里，已無故人。

我不敢看他，因為即使是眼角餘光瞥見他頹然的背影，我都無法遏止地想起自己的父親。父親離開三年了，我在想，如果，如果再給我一次機會，僅僅是一次機會，讓我再度陪他返鄉——我會做什麼？

我會陪著他坐飛機，一路牽著他瘦弱的手。

我會一路聽他說話，不厭煩。我會固執地請他把他當年做憲兵隊長的英勇事蹟完整地講完，會敲問每一個細節——哪年？駐紮在鎮江還是無錫還是杭州？對岸共產黨勸你「起義」的信是怎麼寫的？為什麼你沒接受？……我會問清每一個環節，我會拿出我的筆記本，用一種認真到不能再認真的態度，彷彿我在採訪一個超強大國的國家元首，聚精會神地聽他每一句話。對每一個聽不懂的地名、弄不清的時間，堅持請他「再說一遍，你再說一遍，三點水的淞？江水的江？羊壩頭怎麼寫？憲兵隊在廣州駐紮多久？怎麼到海南島的？怎麼來台灣的？坐什麼船？船叫什麼名字？幾噸的船？砲有打中船嗎？有起火嗎？有沒有人掉進海裡？多少人？有小孩嗎？你看見了嗎？吃什麼？饅頭嗎？一人分幾個？」

我會陪他吃難吃的機艙飯。我會把麵包撕成一條一條，跟空中小姐要一杯熱牛奶，然後把一條一條麵包浸泡牛奶，讓他慢慢咀嚼。他顫抖的手打翻了牛奶，我會再叫一杯，但是他的衣服不會太濕，因為我會在之前就把雪白的餐巾打開鋪在他胸口。

下機轉機的時候，我會牽著他的手，慢慢地走。任何人從我們身邊擠過而且露出不耐煩的神色故意給我們看，我會很大聲地對他說：「你有教養沒有！」

長長的隊伍排起來，等著過關，上樓，重新搭機。我會牽著他的手，走到隊伍最前端，我會跟不管那是什麼人，說：「對不起，老人家不能站太久，您可以讓我們先進去嗎？」我會把他的包放在行李檢查轉輪上，扶著他穿過電檢拱門。如果檢查人員說：「請你退回去，他必須一個人穿過。」我會堅持說：「不行，他跌倒怎麼辦？那你過來扶著他！」如果不知為什麼，那門「嗶」一聲響起，他又得退回，然後重來一次，我會不管三七二十一，牽著他的手，穿過。

當飛機「碰」一聲觸到了長沙的土地，當飛機還在滑行，我會轉過身來，親吻他的額頭——連他的額頭都佈滿了老人黑斑，我會親吻他的額頭，用我此生最溫柔的聲音，附在他耳邊跟他說：「爸爸，你到家了。」

「碰」的一聲，飛機真的著陸了，這是香港赤鱲角機場。我的報紙，在降落的傾斜中散落一地。機艙仍在滑行，左前方那位老伯伯突然顫危危站了起來，我聽見空服員惱怒而凌厲的聲音：「坐下，坐下，你坐下！還沒到你急什麼！」

跌倒——寄K

不久前，震動了整個香港的一則新聞是，一個不堪坎坷的母親，把十歲多一點的兩個孩子手腳捆綁，從高樓拋落，然後自己跳下。

今天台灣的新聞，一個國三的學生在學校的廁所裡，用一個塑膠袋套在自己頭上，自殺了。

讀到這樣的新聞，我總不忍去讀細節。掩上報紙，走出門，灰濛濛的天，下著細雨。已經連下了三天雨，早上醒來時，望向窗外，濃濃的霧緊緊鎖住了整個城市。這個十五歲的孩子，人生最後的三天，所看見的是一個灰濛濛、濕淋淋、寒氣沁人的世界。這黯淡的三天之中，有沒有人擁抱過他？有沒有人撫摸過他的頭髮，對他說：「孩子，你真可愛」？有沒有人跟他同走一段回家的路？有沒有人發簡訊給他，約他週末去踢球？有沒有人對他微笑過，重重地拍他肩膀說：「沒關係啊，這算什麼」？有沒有人在MSN上跟他聊過天、開過玩笑？有沒有人給他發過一則電郵，說：「嘿，你今天怎麼了」？

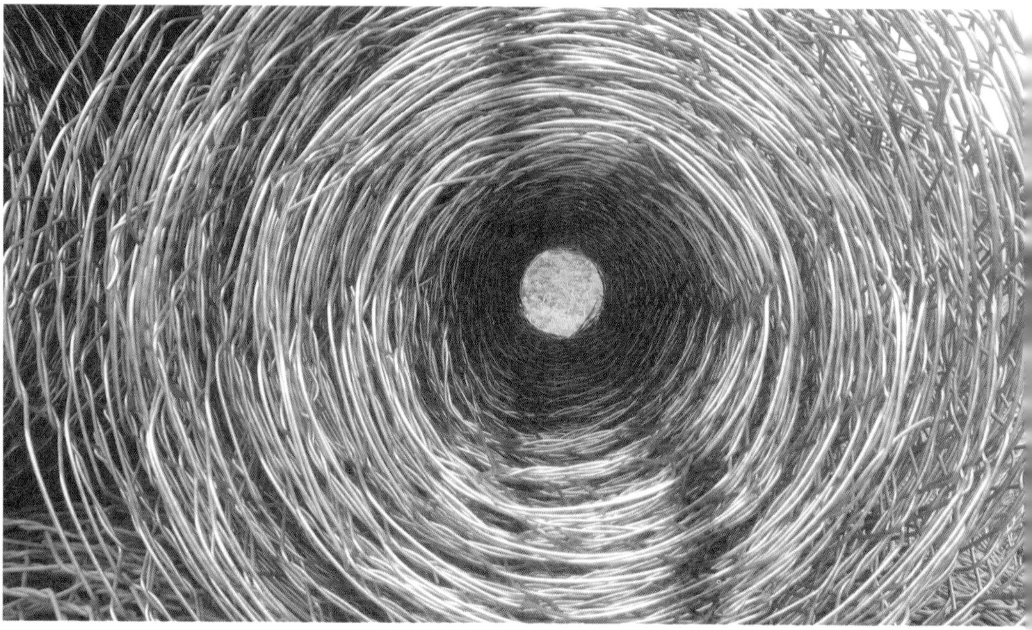

我們拚命地學習如何成功衝刺一百米，但是沒有人教過我們：你跌倒時，怎麼跌得有尊嚴；
你的膝蓋破得血肉模糊時，怎麼清洗傷口、怎麼包紮；你一頭栽下時，怎麼治療內心淌血的創痛，
怎麼獲得心靈深層的平靜，心像玻璃一樣碎了一地時，怎麼收拾？

在那三天中，有沒有哪個人的名字被他寫在筆記本裡，他曾經一度動念想去和對方痛哭一場？有沒有某一個電話號碼被他輸入手機，他曾經一度猶疑要不要撥那個電話去說一說自己的害怕？

那天早上十五歲的他決絕地出門之前，桌上有沒有早點？廚房裡有沒有聲音？從家門到校門的一路上，有沒有一句輕柔的話、一個溫暖的眼神，使他留戀，使他動搖？

我想說的是，K，在我們整個成長的過程裡，誰，教過我們怎麼去面對痛苦、挫折、失敗？它不在我們的家庭教育裡，它不在小學、中學、大學的教科書或課程裡，它更不在我們的大眾傳播裡。家庭教育、學校教育、社會教育只教我們如何去追求卓越，從砍櫻桃的華盛頓、懸梁刺股的蘇秦到平地起樓的比爾蓋茲，都是成功的典範。即使是談到失敗，目的只是要你絕地反攻，再度追求出人頭地，譬如越王句踐的臥薪嘗膽，洗雪恥辱，譬如哪個戰敗的國王看見蜘蛛如何結網，不屈不撓。

我們拼命地學習如何成功衝刺一百米，但是沒有人教過我們：你跌倒時，怎麼跌得有尊嚴；你的膝蓋破得血肉模糊時，怎麼清洗傷口、怎麼包紮；你痛得無法忍受時，用什麼樣的表情去面對別人；你一頭栽下時，怎麼治療內心淌血的創傷，怎麼獲得心靈深層的平靜，心像玻璃一樣碎了一地時，怎麼收拾？

誰教過我們，在跌倒時，怎樣的勇敢才真正有用？怎樣的智慧才能度過？跌倒，怎樣可以變成行遠的力量？失敗，為什麼往往是人生的修行？何以跌倒過的人，更深刻、更真誠？

我們沒有學過。

如果這個社會曾經給那十五歲的孩子上過這樣的課程，他留戀我們——以及我們頭上的藍天——的機會是不是多一點？

現在K也絆倒了。你的修行開始。在你與世隔絕的修行室外，有很多人希望捎給你一句輕柔的話、一個溫暖的眼神、一個結實的擁抱。我們都在這裡，等著你。可是修行的路總是孤獨的，因為智慧必然來自孤獨。

牽掛

要趕去機場，時間很緊，路上不知塞不塞車，但我還是給麗莎打了個電話：「十分鐘後到你家。然後直奔機場，準備點吃的給我。」

十分鐘後，麗莎趿著拖鞋，穿著運動褲，素顏直髮下樓來，我們坐在她陽光滿滿的客廳裡。她開始談正在讀的菲力普・羅斯的小說，我猛喝一杯五〇〇CC的優酪乳加水果，囫圇吞一個剛做好的新鮮三明治。吃完喝完，還帶一杯滾燙的咖啡，有蓋，有吸管，匆匆上車。上車時，麗莎塞給我一本書，《二〇〇七美國最佳散文選》，讓我帶上飛機看。

車子啟動，將車窗按下，看著門裡目送我離去的麗莎，我用手心觸唇，給她一個象徵的親吻和擁抱。

一路飛奔到機場。臨上機，再給她打個電話：「你讓馬莉去幫我打掃時，拜託，洗衣機裡有洗過的衣服忘了拿出來晾，請她處理，還有，冰箱裡過期的東西全部丟掉。都發霉了。」麗莎說：「沒問題。你要保重。」我也說：「你保重。」

然後我關了手機。提起行李。

這麼常地來來去去，這麼常地說「你保重」，然而每一次說「保重」，我們都說得那麼鄭重，那麼認真，那麼在意，我想是因為，我們實在太認識人生的無常了，我們把每一次都當作可能是最後一次。

到了香港，一踏出機艙就打開手機，手機裡一定有一則短訊：「在A出口等候。」一大廳裡，不管人群多麼擁擠，C一定有辦法馬上讓你看見她，她總是帶著盈盈笑意迎面走來。她的一隻手裡有一杯新鮮的果汁，遞給你，另一隻手伸過來幫你拖行李。「要不要買牛奶回家？要不要先去市場買菜？」她問。

她開車，一路上，絮絮述說，孩子、工作、香港政治、中國新聞，好笑的人、憤怒的事、想不開的心情。我們平常沒時間見面，不知怎麼接機或送機就變成一個流動中的咖啡館，滑行中的聊天室。車子在公路上滑行，我總是邊聽邊看車窗外的風景，兩邊空濛，盡是大山大海大片的天空。如果是黃昏，霞彩把每一座香港的山都罩上一層淡粉的薄紗，溫柔美麗令人瞠目。

偶爾，車子也是流動的寫作室。有一天，要從新竹開車南下三百公里去探視母親——夜裡突來電話，得知母親生病，但是要出發時，手邊一篇批判總統先生的大塊文章雖然徹夜寫作，卻尚未完稿，怎麼辦呢？榮光看看我一夜不眠、氣色灰敗的臉孔，豪氣地一揮手，決定做我的專用司機。他前座開車，讓我蜷曲在後座繼續在電腦上寫作文。四小時車程，到達屏東，母親的家到了，文章剛好完成。榮光下了車，拍拍身上灰塵，一身瀟灑，轉身搭巴士回新竹，又是四小時車程，獨自的行旅。

這些是牽掛你的人慷慨贈予你的時光和情感；有時候，是你牽掛別人。一個才氣縱

臨上機，再給她打個電話：「你讓馬莉去幫我打掃時，
拜託，洗衣機裡有洗過的衣服忘了拿出來晾，
請她處理，還有，冰箱裡過期的東西全部丟掉。都發霉了。」
麗莎說：「沒問題。你要保重。」

橫的人中風昏迷，經月不醒。你夢見他，夢見他突然醒來，就在那病房床榻上，披衣坐起，侃侃而談，字字機鋒。他用中文談兩岸的未來，用英語聊莎士比亞的詩。醒來，方知是夢，天色幽幽，悵然不已。

或者是一個十年不逢的老友。久不通訊，但是你記得她在小院裡種的花香，記得她念詩時哽咽的聲音，記得她在深夜的越洋電話裡談美、談文章、談人生的種種溫情。你常常想到她，雖然連電話號碼都記不全了。

但是，總是別人牽掛你、照顧你的時候多。他，有時是她，時不時來一個電話，電話絮絮講完了，你輕輕放下聽筒，才覺得，這其實是個「相見亦無事，不來常思君」的電話——什麼事都沒有，扯東扯西，只不過想確認一下你還好，但是一句思念的話，都沒有。

昨晚就有一個約會，時間未到，乾脆到外面去等，感覺一下秋夜的涼風如水。在暗夜中，靠著大柱坐在石階上。他出現時，看見我一個人坐在秋聲蕭瑟的黑暗的地上。有光的時候，他遲疑地說：「我覺得你——憔悴了。」

我正巧穿著一身黑衣黑裙，因為上午去了一個朋友的告別式。在低低的唱名聲中，人們一波一波地進來又一波一波地離去。

胭脂

每次到屏東去看媽媽，還沒到時先給她電話：「你知道我是誰嗎？」她愉快的聲音傳來：「我不知道你是什麼人，可是我知道你是我喜歡的人。」

「猜對了，」我說：「我是你的女兒，我是小晶。」

「小晶啊，」她說，帶者很濃的浙江鄉音，「你在哪裡？」

帶她去「鄧師傅」做腳底按摩，帶她去美容院洗頭，帶她到菜市場買菜，帶她到田野上去看鷺鷥鳥，帶她到藥房去買老人營養品，帶她去買棉質內衣，寬大但是肩帶又不會滑下來的那一種，帶她去買鞋子買乳液買最大號的指甲刀。我牽著她的手在馬路上並肩共行的景象，在這黃狗當街懶睡的安靜小鎮上就成為人們記得的本村風景。不認識的人，看到我們又經過他的店鋪，一邊切檳榔一邊用眼睛目送我們走過，有時候說一句，輕得幾乎聽不見：「伊查某仔轉來嘍！」

見時容易別時難，離開她，是個複雜的工程。離開前二十四小時，就得先啟動心理輔導。我輕快地說：「媽，明天就要走啦。」

她也許正用空濛濛的眼睛看著窗外的天，這時馬上把臉轉過來，慌張地看著我，「要走了？怎麼要走呢？」

我保持聲音的愉悅，「要上班，不然老闆不要我啦。」

她垂下眼睛，是那種被打敗的神情，兩手交握，放在膝上，像個聽話的小學生。跟「上班」，是不能對抗的，她也知道。她低聲自言自語：「喔，要上班。」

「來，」我拉起她的手，「坐下，我幫你擦指甲油。」

買了很多不同顏色的指甲油，專門用來跟她消磨臥房裡的時光。她坐在床沿，順從地伸出手來，我開始給她的指甲上色，一片一片慢慢上，每一片指甲上兩層。她手背上的皮，抓起來一大把，是一層極薄的人皮，滿是皺紋，像蛇蛻掉棄置的乾皮。我把紐西蘭帶回來的綿羊油倒在手心上，輕輕揉搓這雙曾經勞碌不堪、青筋暴露而今燈盡油枯的手。

塗完手指甲，開始塗腳趾甲。腳趾甲有點灰指甲症狀，硬厚得像岩石。把她的腳放進熱水盆裡——她縮起腳，說：「燙。」我說：「一點也不，慢慢來。」浸泡五分鐘後，腳趾甲稍微鬆軟了，再塗色。選了豔麗的桃紅，小心翼翼地點在她石灰般的腳趾甲上。效果，看起來確實有點恐怖，像給僵屍的臉頰上了腮紅。

我認真而細緻地「擺佈」她，她靜靜地任我「擺佈」。我們沒法交談，但是，我已經認識到，誰說交談是唯一的相處方式呢？還有什麼，比這胭脂陣的「擺佈」更適合母女來玩？只要我在，她臉上就有一種安心的平靜。更何況，胭脂陣是有配樂的。我放上

她曾經是個多麼耽溺於美的女人啊。六十歲的她和三十歲的我，曾經一起站在梳妝鏡前，
她說：「小晶，你要化妝。女人就是要漂亮。」（龍霈攝）

周璇的老歌，我們從〈夜上海〉一直聽到〈鳳凰于飛〉、〈星心相印〉和〈永遠的微笑〉。

塗完她所有的手指甲和腳趾甲，輪到我自己。黃昏了，淡淡的陽光把窗簾的輪廓投射在地板上。「你看，」我拿出十種顏色，每一隻指甲塗一個不同的顏色，從緋紅到紫黑。她不說話，就坐在那床沿，看著我塗自己的指甲，從一個指頭到另一個指頭。

每次從屏東回到台北，朋友總是驚訝：「嗄？你塗指甲油？」

指甲油玩完了，空氣裡全是指甲油的氣味。我說：「明天，明天我要走了。要上班。」

她有點茫然，「要走了？怎麼要走了？那——我怎麼辦？我也要走啊。」

把她拉到梳妝鏡前，拿出口紅，「你跟哥哥住啊，你走了他要傷心的。來，我幫你化妝。」她一瞬間就忘了我要走的事，對著鏡子做出矜持的姿態，「我啊，老太婆了，化什麼妝哩。」

可是她開始看著鏡中的自己，拿起梳子，梳自己的頭髮。

她曾經是個多麼耽溺於美的女人啊。六十五歲的時候，突然去紋了眉和眼線，七十歲的時候，還問我她該不該去隆鼻。多少次，她和我一起站在梳妝鏡前，她說：「女兒，你要化妝。女人，就是要漂亮。」

現在，她的手臂佈滿了黑斑。

我幫她擦了口紅，說：「來，抿一抿。」她抿了抿唇。

我幫她上了腮紅。

在她紋過的眉上，又畫上一道彎彎淡眉。

「你看，」我摟著她，面對著大鏡，「冬英多漂亮啊。」

她驚訝，「咦，你怎麼知道我的名字？」

「我是你的女兒嘛。」我環抱著她瘦弱的肩膀，對著鏡子裡的人，說：「媽，你看你多漂亮。我明天要走喔，要上班，不能不去的，但馬上會回來看你。」

寒色

千里江山寒色遠，蘆花深處泊孤舟

當場被讀者問倒的情況不多，但是不久以前，一個問題使我在一千多人面前，突然支吾，不知所云。

他問的是：「家，是什麼？」

家是什麼，這不是小學二年級的作文題目嗎？和「我的志願」、「我的母親」、「我的暑假」同一等級。怎麼會拿到這裡來問一個自認為對「千里江山寒色遠，蘆花深處泊孤舟」早有體會的人？

問者的態度誠誠懇懇的，我卻只能語焉不詳蒙混過去。這麼難的題啊。

作為被人呵護的兒女時，父母在的地方，就是家。早上趕車時，有人催你喝熱騰騰的豆漿。天若下雨，他堅持你要帶傘。燙的便當塞在書包裡，書包拎在肩上，貼身還熱。週末上街時，一家四五口人可以擠在一輛機車上招搖過市。放學回來時，距離門外幾尺就聽見鍋鏟輕快的聲音，飯菜香一陣一陣。晚了，一頂大蚊帳，四張榻榻米，燈一黑，就是黑甜時間。兄弟姊妹的笑鬧踢打和被褥的鬆軟裹在帳內，帳外不時有大人的咳嗽聲，走動聲，竊竊私語聲。朦朧的時候，窗外絲緞般的梔子花香，就幽幽飄進半睡半醒的眼睫裡。帳裡帳外都是一個溫暖而安心的世界，那是家。

可是這個家，會怎樣呢？

人，一個一個走掉，通常走得很遠、很久。在很長的歲月裡，只有一年一度，屋裡頭的燈光特別燦亮，人聲特別喧嘩，進出雜沓數日，然後又歸於沉寂。留在裡面沒走的人，體態漸孱弱，步履漸蹣跚，屋內愈來愈靜，聽得見牆上時鐘滴答的聲音。梔子花還開著，只是在黃昏的陽光裡看它，怎麼看都覺得淒清。然後其中一個人也走了，剩下的那一個，從暗暗的窗簾裡，往窗外看，彷彿看見，有一天，來了一輛車，是來接自己的。她可能自己鎖了門，慢慢走出去，可能坐在輪椅中，被推出去，也可能是一張白布蓋著，被抬出去。

和人做終身伴侶時，兩個人在哪裡，哪裡就是家。曾經是異國大學小城裡一間簡單的公寓，和其他一兩家共一個廚房。窗外飄著陌生的冷雪，可是臥房裡伴侶的手溫暖無比。後來是一個又一個陌生的城市，跟著一個又一個新的工作，一個又一個重新來過的家。幾件重要的家具總是在運輸的路上，其他就在每一個新的城市裡一點一點添加或丟棄。牆上，不敢掛什麼真正和記憶終生不渝的東西，因為牆，是暫時的。在暫時裡，只有假設性的永久和不敢放心的永恆。家，也就是兩個人剛好暫時落腳的地方。

家，一不小心就變成一個沒有溫暖、只有壓迫的地方。
外面的世界固然荒涼，但是家卻可以更寒冷。一個人固然寂寞，
兩個人孤燈下無言相對卻可以更寂寞。很多人在散了之後就開始終身流浪。

可是這個家，會怎樣呢？

很多，沒多久就散了，因為人會變，生活會變，家，也跟著變質。渴望安定時，很多人進入一個家；渴望自由時，很多人又逃離一個家。渴望安定的人也許遇見的是一個渴望自由的人，尋找自由的人也許愛上的是一個尋找安定的人。家，一不小心就變成一個沒有溫暖、只有壓迫的地方。外面的世界固然荒涼，但是家卻可以更寒冷。一個人固然寂寞，兩個人孤燈下無言相對卻可以更寂寞。

很多人在散了之後就開始終身流浪。

很多，一會兒就有了兒女。一有兒女，家，就是兒女在的地方。天還沒亮就起來做早點，把熱騰騰的豆漿放上餐桌，一定要親眼看著他喝下才安心。天若下雨，少年總不願拿傘，因為拿傘有損形象，於是你苦口婆心幾近哀求地請他帶傘。他已經走出門，你又趕上去把滾燙的便當塞進他書包裡。週末，你騎機車去市場，把兩個女兒貼在身後，一個小的夾在前面兩腿之間，雖然擠，但是女兒的體溫和迎風的笑聲甜蜜可愛。從上午就開始盤算晚餐的食譜，黃昏時，你一邊炒菜一邊聽著門外的聲音，期待一個一個孩子回到自己身邊。晚上，你把滾熱的牛奶擱在書桌上，孩子從作業堆裡抬頭看你一眼，不說話，只是笑了一下。你覺得，好像突然聞到梔子花幽幽的香氣。

孩子在哪裡，哪裡就是家。

可是，這個家，會怎樣呢？

散步

回屏東看母親之前，家萱過邊境來訪。細緻的她照例帶了禮物。一個盒子上寫著「極品燕窩」，我打開看一下，黑溜溜的一片，看不懂。只認得盛在瓷碗裡頭加了冰糖的白糊糊又香又甜的燕窩；這黑溜溜的原始燕窩——是液體加了羽毛樹枝嗎？還真不認識。不過，家萱當然是送給母親吃的，我不需操心。

她又拿出一個圓筒，像是藏畫的。一卷紙拿出來，然後一張一張攤開，她說：「我印得多了，想想也許你媽可以用。」

海報大小的白紙，印著體積很大、油墨很濃的毛筆字，每一張都是兩三行，內容大同小異：

最親愛的媽媽：

我們深愛您。

您的房子、看護、醫藥費，我們全都付了。

我們承諾，一定竭盡所能照料您。
請您放心。

您的孩子：家萱
家齊
家仁

最親愛的媽媽：
我們感念您。
我們都是您含辛茹苦培養大的。
我們承諾：您所有的需要，都由我們承擔。
請您放心。相信我們對您的深愛。

您的孩子：家萱
家齊
家仁

我看著家萱，忍不住笑。上一回，我們在交換「媽媽筆記」時，她說到八十歲的母親在安養院裡如何如何地焦慮自己沒錢，懷疑自己被兒女遺棄，而且一轉身就忘記兒女剛剛來探視過而老是抱怨孩子們不記得她。我拿出自己「製造」的各種銀行證明、撫養保證書，每一個證明都有拳頭大的字，紅糊糊、官氣赫赫的印章，每一張都有一時的

「安心」作用。沒想到家萱進步神速，已經有了獨家的「大字報」！

「是啊，」她笑著說：「我用海報把她房間的牆壁貼得滿滿的。她在房間裡走來走去，可以一張一張讀，每一張我們姊弟都給簽了名。」

「有效嗎？」我問。

她點頭，「還真有效，她讀了就安心。」

「你拿回屏東，貼在你媽房裡吧。」

她的笑容，怎麼看都是苦的。我也發現，她的白髮不知何時也多了。

我把大字報一張一張拾起，一張一張疊好，捲起，然後小心地塞回圓筒。搖搖頭，「媽媽又過了那個階段了。她已經忘了字了。我寫的銀行證明，現在她也看不懂了。」

回到屏東，春節的炮竹在冷過頭的冬天，有一下沒一下的，涼涼的，彷彿浸在水缸裡的酸菜。陪母親臥床，她卻終夜不眠。窗簾拉上，滅了大燈，她的兩眼晶亮，瞪著空濛濛的黑夜，好像瞪著一個黑色的可以觸摸的實體。她伸出手，在空中捏取我看不見的東西。她呼喚我的小名，要我快起床去趕校車，不要遲到了，便當已經準備好。她說隔壁的張某某不是個東西，欠了錢怎麼也不還。她問，怎麼你爸爸還沒回家，不是說理了髮就馬上回來嗎？

我到廚房拿熱牛奶給她喝。她不喝。我撫摸她的手，拍她的肩膀，像哄一個嬰兒，但是她安靜了一會兒又開始躁動。我不斷地把她冰冷的手臂放回被窩裡，她又固執地將我推開。我把大燈打開，她的幻覺消失，燈一滅，她又回到四十年前既近又遠、且真且

冬夜的街，很黑，犬吠聲自遠處幽幽傳來，聽起來像低聲嗚咽，在解釋一個說不清楚的痛處。

假的徬徨迷亂世界。

大年初三，二〇〇八年的深夜，若是從外宇宙看過來，這間房裡的燈亮了又暗，暗了又亮，一整夜。清晨四時，我下了床，光腳踩在冰冷的地板上，說：「媽，既然這樣，我們乾脆出去散步吧。」幫她穿上最暖的衣服，圍上圍巾，然後牽著她的手，出了門。

冬夜的街，很黑，犬吠聲自遠處幽幽傳來，聽起來像低聲嗚咽，在解釋一個說不清的痛處。

路底有一家燈火通明的永和豆漿店，我對她說：「走吧，我帶你去吃你家鄉浙江淳安的豆漿。」她從夢魘中醒來，乖順地點頭，任我牽著她的手，慢慢走。空蕩蕩的街，只有我，和那生了我的女人。

路的地面上，有一條很長很長的白線，細看之下，發現是鳥屎。一抬頭，看見電線上黑溜溜的一長條，全停滿了燕子，成千上萬隻，悄悄地，凝結在茫茫的夜空裡。

為誰

我不懂得做菜，而且我把我之不懂得做菜歸罪於我的出身——我是一個外省女孩；在台灣，「外省」其實就是「難民」的意思。外省難民家庭，在流離中失去了一切附著於土地的東西，包括農地、房舍、宗祠、廟宇，還有附著於土地的鄉親和對於生存其實很重要的社會網絡。

因為失去了這一切，所以難民家庭那作父母的，就把所有的希望，孤注一擲地投在下一代的教育上頭。他們彷彿發現了，只有教育，是一條垂到井底的繩，下面的人可以攀著繩子爬出井來。

所以我這個難民的女兒，從小就不被要求做家事。吃完晚飯，筷子一丟，只要趕快潛回書桌，正襟危坐，擺出讀書的姿態，媽媽就去洗碗了，爸爸就把留聲機轉小聲了。背《古文觀止》很重要，油米柴鹽的事，母親一肩挑。

自己作了母親，我卻馬上變成一個很能幹的人。廚房特別大，所以是個多功能廳。孩子五顏六色的畫，貼滿整面牆，因此廚房也是畫廊。餐桌可以圍坐八個人，是每天晚上的沙龍。另外的空間裡，我放上一張紅色的小矮桌，配四隻紅色的矮椅子，任誰踏進來都會覺得，咦，這不是白雪公主和七個小矮人的客廳嗎？

當我打雞蛋、拌麵粉奶油加砂糖發粉做蛋糕時，安德烈和飛力普就坐在那矮椅子上，圍著矮桌上一團新鮮可愛的濕麵團，他們要把麵團捏成豬牛羊馬各種動物。蛋糕糊倒進模型，模型進入烤箱，拌麵盆裡留著一圈甜軟黏膩的麵糊，孩子們就搶著用小小的手指去挖，把巧克力糊繞滿了手指，放進嘴裡津津地吸，臉上也一片花糊。

我變得很會「有效率」做菜。食譜的書，放在爬著常青藤的窗台上，長長一排。胡蘿蔔蛋糕的那一頁，都快磨破了；乳酪通心粉、義大利千層麵那幾頁，用得掉了下來。我可以在十分鐘內，給四個孩子——那是兩個兒子加上他們不可分離的死黨——端上顏色漂亮而且維他命ABCDE加澱粉質全部到位的食物。然後把孩子塞進車裡，一個送去踢足球，一個帶去上游泳課。中間折到圖書館借一袋兒童繪本，衝到藥房買一只幼兒溫度計，到水果店買三大箱果汁，到郵局去取孩子的生日禮物包裹同時寄出邀請卡……然後匆匆趕回足球場接老大，回游泳池接老二，回家，再做晚餐。

母親，原來是個最高檔的全職、全方位CEO，只是沒人給薪水而已。

然後突然想到，啊，油米柴鹽一肩挑的母親，在她成為母親之前，也是個躲在書房裡的小姐吧。

孩子大了，我發現獨自生活的自己又回頭變成一個不會燒飯做菜的人，而長大了的孩子們卻成了美食家。飛力普十六歲就自己報名去上烹飪課，跟著大肚子、帶著白色高

兒子睜大了眼睛看著我，認認真真地說：「我不是要你做給我吃，你還不明白嗎？我是要你學會以後做給你自己吃。」

統帽的師傅學做義大利菜。十七歲，就到三星米其林法國餐廳的廚房裡去打工實習，從削馬鈴薯皮開始，跟著馬賽來的大廚學做每一種沾醬。安德烈買各國食譜的書，土耳其、非洲菜、中國菜，都是實驗項目。做菜時，用一隻馬錶計分。什麼菜配什麼酒，什麼酒吃什麼肉，什麼肉配什麼香料，對兩兄弟而言，是正正經經的天下一等大事。

我呢，有什麼就吃什麼。不吃也可以。一個雞蛋多少錢，我說不上來，冰箱，多半是空的。有一次，為安德烈下麵——是泡麵，加上一點青菜葉子。

湯麵端上桌時，安德烈，吃了兩口，突然說：「青菜哪裡來的呀？」

我沒說話，他直追：「是上星期你買的沙拉對不對？」

我點點頭。是的。

他放下筷子，一副哭笑不得的神情，說：「那已經不新鮮了呀，媽媽你為什麼還用呢？又是你們這一代人的——習慣，對吧？」

他不吃了。

過了幾天，安德烈突然說：「我們一起去買菜好嗎？」

母子二人到城裡頭國際食品最多的超市去買菜。安德烈很仔細地來來回回挑選東西，整整三個小時。回到家中，天都黑了。他要我這做媽的站在旁邊看著，「不准走開喔。」

他把頂級的澳洲牛排肉展開，放在一旁。然後把各種香料罐，一樣一樣從架上拿下來，一字排開。轉了按鈕，烤箱下層開始熱，把盤子放進去，保持溫度。他把馬鈴薯洗乾淨，開始煮水，準備做新鮮的馬鈴薯泥。看得出，他心中有大佈局，以一定的時間順序在走好幾個平行的程序，像一個樂團指揮，眼觀八方，一環緊扣一環。

電話鈴響。我正要離開廚房去接，他伸手把我擋下來，說：「不要接不要接。留在廚房裡看我做菜。」

紅酒杯，礦泉水杯，並肩而立。南瓜湯先上。然後是沙拉，裡頭加了松子。主食是牛排，用錫紙包著，我要的四分熟。最後是甜點，法國的soufflé。

是秋天，海風徐徐地吹，一枚濃稠蛋黃似的月亮在海面上升起。

我說：「好，我學會了，以後可以做給你吃了。」

兒子睜大了眼睛看著我，認認真真地說：「我不是要你做給我吃。你還不明白嗎？我是要你學會以後做給你自己吃。」

俱樂部

先是，你發現，被介紹時你等著那楞楞的小毛頭稱呼你「姊姊」，卻發現他開口叫的是「阿姨」。你嚇一跳——我什麼時候變成阿姨了？

然後，有一天開車時被警察攔下來作酒測。他揮手讓你走時，你注意到，怎麼一向形象高大的「人民保母」、「警察叔叔」，竟有一張娃娃似的臉，簡直就是個孩子警察。以後你就不經意地對那帽子下的臉孔都多看一眼，發現，每一個警察看起來都像孩子。

你逐漸有了心理準備。去醫院看病時，那穿著白袍語帶權威的醫生，看起來竟也是個「孩子」，只有二十九歲。某某大學的系主任遞上名片，告訴你他曾上過你的課，然後恭恭敬敬地稱你「老師」。

不是人們變小了，是你，變老了。

看你稿件的編輯，有一天，突然告訴你他退休了。你怔怔然若有所失，因為你知道，喔，那麼以後跟你談文章的人，不再是你的「老友」，而是一個可能稱你「女士」「先生」或者「老師」的陌生孩子了。

你的自覺慢慢被培養起來。走在人潮洶湧的台北東區或香港旺角，你停下腳步一抬頭，就看見，那人潮裡一張一張面孔都是青年人。街上一家一家服飾店的櫥窗裡，站著坐著擺出姿態的模特兒身上，穿的全是裡層比外層突出、內衣比外衣暴露的少女裝。不知怎麼，你被夾在一群嘰嘰喳喳在衣服堆裡翻來翻去的少女中間，她們不時爆發出無厘頭且歇斯底里的笑聲，你好像走錯了門。轉身要開出一條路時，後面店員大聲喚你：「太太，要不要看這個——」你以為她會叫出「歐巴桑」來。你準備好了。

你和朋友在飯店的酒吧台上小坐。靠著落地長窗，鋼琴的聲音咚咚響著，長髮的女郎用假裝蒼涼的聲音低低唱著。窗外的地面有點濕，台北冬天的晚上，總是濕的。一個中年的女人，撐著一把花傘，走過窗前。她的臉上有種悽惶的神情。也許拒絕和她說話的兒子令她煩憂？也許家裡有一個正在接受化療的丈夫？也許，她心中壓了一輩子的靈魂的不安突然都在蠢動？

朋友用她纖細的手指夾著紅酒杯，盈盈地笑著。五十歲的她，仍舊有一種煙視媚行的美，豐潤飽滿的唇，塗了口紅，在杯口留下一點胭脂。她正在問你，要不要加入她的「俱樂部」。

那是「樹海葬俱樂部」。會員自己選擇將來要樹葬還是海葬，要不要告別式，要什麼樣的告別式，死後，由其他會員忠實執行。你說：「我怕海，太大、太深不可測，還是樹葬吧。」她笑說：「海葬最省事。」

你又認真想想，說：「可是樹葬也不代表可以隨便到山上找棵樹對不對？你還是得在公家規定的某一個墓園裡的某一株樹下面，對不對？你還是得和很多人擠在一起，甚至於和一個討厭的人作隔壁那棵樹，對不對？」

這種內容的酒吧夜話，漸漸成常態。雖然不都是關於身後的討論，卻總和生命的進程有關。這個人得了憂鬱症。於是你們七嘴八舌從憂鬱症的失眠、失憶談起，談到情緒的崩潰和跳樓自殺。那個人中風了，於是你們從醫院的門診、復健、聊到昏迷不醒時誰來執行遺囑。悲涼欷歔一番，又自我嘲笑一番。突然靜下來，你們就啜一口酒，把那靜寂打發掉。

回到家，打開電郵，看見一封遠方的來信：

十年前，我看見我父親的慢性死亡。他是在半身不遂了八年之後，吸進一口氣就吐不出來，嗆死的。八年之中，我是那個為他擦身翻身的人，我是那個看著他雖然腐爛卻又無法脫離的人。

所以我就想到一個辦法：我組織了一個「愛生」俱樂部。大家非常詳細地把所有他絕對不願意再活下去的狀況一一列出，然後會員們互相執行。失去一個成員之後，再招募一個新的成員——是的，像祕密會社。但是我們的俱樂部包括醫生、律師等等，以免大家被以謀殺罪名起訴。而且，不可以讓家屬知道，否則就壞了大事。

你開始寫回信：

請傳來申請表格。

所以我就想到一個辦法：我組織了一個「愛生」俱樂部。

回家

三個兄弟，都是五十多歲的人了，這回擺下了所有手邊的事情，在清明節帶媽媽回鄉。紅磡火車站大廳裡，人潮湧動，大多是背著背包、拎著皮包、推著帶滾輪的龐大行李箱、扶老攜幼的，準備搭九廣鐵路北上。就在這川流不息的滾滾紅塵裡，媽媽突然停住了腳。

她皺著眉頭說：「這，是什麼地方？」

哥哥原來就一路牽著她的手，這時不得不停下來，說：「這是香港。我們要去搭火車。」

媽媽露出惶惑的神情，「我不認得這裡，」她說：「我要回家。」

我在一旁小聲提醒哥哥，「快走，火車要開了，而且還要過海關。」

身為醫生的弟弟本來像個主治醫師一樣背著兩隻手走在後面，就差身上沒穿白袍，這時一大步跨前，對媽媽說：「這就是帶你回家的路，沒有錯。快走吧，不然你回不了家了。」說話時，臉上不帶表情，看不出任何一點情緒或情感，口氣卻習慣性地帶著權威。三十年的職業訓練使他在父親臨終的病床前都深藏不露。

媽媽也不看他，眼睛盯著磨石地面，半妥協、半威脅地回答：「好，那就馬上帶我回家。」她開步走了。從後面看她，身軀那樣瘦弱，背有點兒駝，手被兩個兒子兩邊牽著，她的步履細碎，一小步接著一小步往前走。

陪她在鄉下散步的時候，看見她踩著碎步窸窸窣窣低頭走路，我說：「媽，不要像老鼠一樣走路，來，馬路很平，我牽你手，不會跌倒的。試試看把腳步打開，你看——」我把腳伸前，做出笨士兵踢正步的架式，「你看，腳大大地跨出去，路是平的，不要怕。」她真的把腳跨大出去，但是沒走幾步，又窸窸窣窣低頭走起碎步來。

從她的眼睛看出去，地是凹凸不平的嗎？從她的眼睛看出去，每一步都可能踏空嗎？弟弟在電話裡解釋：「腦的萎縮，或者用藥，都會造成對空間的不確定感。」

散步散到太陽落到了大武山後頭，粉紅色的雲霞乍時噴湧上天，在油畫似的黃昏光彩裡我們回到她的臥房。她在臥房裡四處張望，倉皇地說：「這，是什麼地方？」我指著牆上一整排學士照博士照，說：「都是你兒女的照片，那當然是你家嘍。」

她走近牆邊，抬頭看照片，從左到右一張一張看過去。半晌，回過頭來看著我，眼裡說不出是悲傷還是空洞——我彷彿聽見窗外有一隻細小的蟋蟀低低在叫，下沉的夕陽碰到大武山的稜線、噴出滿天紅霞的那一刻，森林裡的小動物是否也有聲音發出？

還沒開燈，她就立在那白牆邊，像一個黑色的影子，幽幽地說：「……不認得了。」大武山上最後一道微光，越過渺茫從窗簾的縫裡射進來，剛好映出了她灰白的頭髮。

我們都知道了：媽媽要回的「家」，不是任何一個有郵遞區號、郵差找得到的家。
她要回的「家」，不是空間，而是一段時光。

火車滑開了，窗外的世界迅急往後退，彷彿有人沒打招呼就按下了電影膠捲「快速倒帶」，不知是快速倒往過去還是快速轉向未來，只見它一幕一幕從眼前飛快逝去。

因為是晚班車，大半旅者一坐下就仰頭假寐，陷入沉靜，讓火車往前行駛的轟隆巨響決定了一切。媽媽手抓著前座的椅背，顫危危站了起來。她看看前方，一縱列座位伸向模糊的遠處；她轉過身來看往後方，列車的門緊緊關著，看不見門後頭的深淺。她看向車廂兩側窗外，布簾都已拉上，只有動盪不安的光，忽明忽滅、時強時弱，隨著火車奔馳的速度像閃電一樣打擊進來。她緊緊抓著椅背，維持身體的平衡，然後，她開始往前走。我緊跟著亦步亦趨，一隻手搭著她的肩膀，防她跌倒，卻見她用力地拔開我的手，轉身說：「你放我走，我要回家。天黑了我要回家！」她的眼睛蓄滿了淚光，聲音悽惻。

我把她抱進懷裡，把她的頭按在我胸口，緊緊地擁抱她，也許我身體的暖度可以讓她稍稍安心。我在她耳邊說：「這班火車就是要帶你回家的，只是還沒到，馬上就要到家了，真的。」

弟弟蹭了過來，我們默默對望；是的，我們都知道了：媽媽要回的「家」，不是任何一個有郵遞區號、郵差找得到的家。她要回的「家」，不是空間，而是一段時光，在那個時光的籠罩裡，年幼的孩子正在追逐笑鬧、廚房裡正傳來煎魚的滋滋香氣、丈夫正從她身後捂著她的雙眼要她猜是誰、門外有人高喊「限時掛號拿印章來」……

媽媽是那個搭了「時光機器」來到這裡但是再也找不到回程車的旅人。

五百里

我們決定搭火車。從廣州到衡陽，這五百二十一公里的鐵軌，是一九四九年父母顛沛南下的路途。那時父親剛滿三十，母親只有二十三歲。雖說是兵荒馬亂，他們有的是青春力氣。火車再怎麼高，他們爬得上去。人群再怎麼擠，他們站得起來。就是只有一隻腳沾著踏板，一隻手抓著鐵桿，半個身子吊在火車外面像風箏就要斷線，還能聞到那風裡有香茅草的清酸甜美，還能看見土紅大地綿延不盡令人想迎風高唱「山川壯麗」。

「火車突然停了，」母親說：「車頂上趴著一堆人，有一個女的說憋不住了，無論如何要上廁所，就爬下來，她的小孩兒還留在車頂上頭，讓人家幫她抱一下。沒想到，她一下來，車就動了。」

母親光腳坐在地上織魚網，一邊講話，手卻來來回回穿梭，片刻不停。頭也不抬，她繼續說：「女人就一直哭喊著追火車。那荒地裡坑坑巴巴的，還有很多大石頭，她邊跑邊摔跤，但是火車很快，一下子就看不到人了。」

「後來呢？」我坐在母親對面幫她纏線。她噗嗤一笑，看了我一眼，說：「哪裡有什麼後來呢？我看那小孩子一定也活不了了，誰還能帶著他逃難呢？」

「那還好你們那時還沒生我，要不然，我就讓你們給丟了。」十五歲的我說。

她輕輕嘆了口氣，更用力地織起網來。透明的尼龍線極強韌，拉久了，先在手指肉上壓出一道一道很深的溝來，再久一點，皮破了，血就汨汨滲出來。要繳我一學期的學費，她要打好幾張跟房子一樣大的魚網。

我知道我說錯話了，因為，他們確實把自己一歲的孩兒留在了衡陽，自己上了火車，以為，放在鄉下，孩子比較安全。沒有人料到，這一分手就是四十年。

此刻，她也仍舊坐在我的對面，眼睛明亮俏皮的姑娘已經八十三歲。臥鋪裡上層的兄弟們都睡了，剩下我在「值班」，和她繼續格鬥。火車的轟隆聲很有節奏，搖晃著車廂，像一個大搖籃，催人入夢，但是她筆直地坐在鋪上，抱著一卷白色的被褥，全身備戰。

「睡吧，媽媽。」我苦苦求她。她斬釘截鐵地搖頭：「我要回家。」

我離開自己的鋪，坐到她身邊去，貼著她，說：「你躺下，我幫你蓋被。」她挪開身體，保持和我的距離，客氣地說：「謝謝你。我不睡。」

她一客氣，我就知道，她不知道我是誰，以為我是個善意的陌生人了。於是我說：「媽媽，我是你的女兒，小晶。你看看我。」

她轉過臉來，盯著我看，然後，極端禮貌、極端有教養地說：「我女兒不在這裡。謝謝你。」

「那……至少讓我把你的被子弄好，蓋住你的腳，好嗎？」

我坐回自己的鋪上，也把被子蓋住自己的膝蓋，就這麼和她默默對坐，在這列萬般靜寂的午夜火車上。

火車慢下來，顯然進入一個中途站，我把窗簾微微拉開，看見窗外「韶關」兩個大字。

韶關，那是南華寺所在，曹溪河畔。萬曆《曹溪通志》說，南朝梁武帝天監元年，公元五〇二年，印度高僧智藥三藏發現這裡「山水回合，峰巒奇秀，嘆如西天寶林山也」，於是建寺。唐朝，公元六七七年，六祖惠能來到寶林寺，在此說法三十七年，使南宗禪法大播於天下。宋開寶元年，公元九六八年，太祖賜額改名「南華禪寺」。也是在這裡，文革期間，六祖惠能的金身被拖出來打斷。

火車再度開動，我趴下來，把耳朵附在床墊上，可以感覺火車的輪子輾過鐵軌，大地一寸一寸地震動。這五百里路，惠能曾經一步一步走過。我的父親母親，曾經一寸一寸走過。時光，是停留是不停留？記憶，是長的是短的？一條河裡的水，是新的是舊的？每一片繁花似錦，輪迴過幾次？

夜雖然黑，山巒的形狀卻異樣地篤定而清晰，星星般的燈火在無言的樹叢裡閃爍。驀然有白霧似的光流瀉過來，那是另外一列夜行火車，由北往南駛來，和我們在沉沉的夜色裡擦身而過。

母親坐在我對面，忽隱忽現的光，落在她蒼茫的臉上。

時光，是停留是不停留？記憶，是長的是短的？一條河裡的水，是新的是舊的？
每一片繁花似錦，輪迴過幾次？

菊花

總編輯中風了，入住加護病房，昏迷指數四，不能言語。一個星期以後，當醫生說可以開放探病時，菊花就匆匆趕過去，還抱著電腦，裡頭全是下一期有問題的稿子，這年頭，年輕記者的筆愈來愈差。僅只是把「日以繼夜」改為「夜以繼日」都招來詫異的眼光。年輕人覺得：這有什麼關係，反正大家都這麼說。總編輯在處理這些基本作文時，總是用一種既生氣又無奈的眼光看著記者的背影。如果記者是個漂亮的小女生，他就會先揚頭甩一甩他額前垂下來的頭髮，用他自覺非常磁性迷離的低音，說：「嗯？學到了嗎？」他講的「嗯」，全是鼻音。因為他帥，漂亮的女記者也多半會回報以正確劑量的嬌怯。

菊花幾乎是披頭散髮地出現在病房口，差點撞上從裡面走出來的一個女人，女人冷漠地瞄她一眼，面無表情地走遠。望著她的背影，菊花突然想起來，這不就是總編輯分居多時的太太嗎？

用布簾隔開，兩個人分一個病房。菊花先看見那別人——一個農民長相的老頭，瘦得彷彿六〇年代越共的相片，整個臉頰癟陷出兩個坑，一對骷髏似的眼睛大大地睜著，好像大白天撞見了什麼讓他吃驚的事情。

總編輯的樣子倒沒把菊花嚇到。一切如她所想像：他兩眼緊閉，但眼球在眼皮底下不安分地滾動；頭上身上七七八八的橡皮管子纏來纏去。他的頭偏向一邊，載重負荷辛苦地呼吸著，發出呼嚕呼嚕如廚房水管堵塞的聲音。他的手臂伸在被褥外面，手指像火災燒焦的人似的彎曲僵硬。聘來的看護工，一個矮小粗壯的男人，正在揉搓他的腿，一面啪啪拍打，打得很響，一面和訪客有一句沒一句寒暄：「都是死肉啦。像麵團啦。他很重，大小便都很麻煩啦。翻過來翻過來，要拉你的左腿啦。」

菊花駭然——這看護粗暴的動作和語言，顯然已經把病人當作無知無覺的死人在處理，當著訪客的面。早到的執行主編坐在靠牆沙發上，用眼神要菊花也坐下，一副有話要說的樣子。但是看護拍打肉體的聲音——菊花聯想起蒼蠅拍子，打在這極小的病房裡顯得特別大聲又刺耳，菊花幾乎想起身去看看那隔壁的老頭是不是露出嚇人的表情。看護又不停地說話：「昨晚都沒睡，這種病人我看多了啦，半年都不會醒啦我保證——錢都是白花的啦……」

菊花總算斷斷續續聽懂了執行主編所描述的目前狀況。她問：「那怎麼辦呢？開不開刀也不能等那麼久啊？」看護突然插進來，「對啊，我看過一個作了氣切的，第二天就掛了。」

臨走時，菊花和執行主編你一言我一句地對看護解釋這位總編輯是多麼多麼重要的人物，他對社會的貢獻有多麼多麼大，因此郭先生您作為他的看護對社會的貢獻有多麼多麼大，我們作朋友的對您的感激有多麼多麼的深。說完，兩個人對著郭先生深深一鞠躬，像日本人在玄關送客時鞠躬那麼深，然後合聲說：「請多多照顧。」

菊花回到家中，報紙攤一地，浴室的日光燈壞了。在黑暗裡胡亂沖了一個澡，在廚房裡快手快腳泡了一碗速食麵，她捧著速食麵坐到書桌前，打開電腦，寫電郵給她分居八年的丈夫：

我告訴你一個發生在我朋友身上的故事……分開很多很多年了，但是他一直不肯和她辦離婚手續，現在他昏迷了，他的直系家屬都不能為他作主開刀，只有法律上的配偶才有權簽字。現在，他的配偶，就決定保留他的「現狀」，讓他作一個完整無瑕的植物人終其一生。怎麼樣？你願意和我辦離婚手續了嗎？

菊花寫完，按下「發出」，還留一個副本給自己存檔，對著幽暗的房間呼出一口長長的氣，然後起身到廚房裡找牛奶。牛奶全過期了，她只好帶著一杯冷開水回到書桌，發現回覆的信已經進來。那個遠方的男人寫的是：

怎麼就知道，你活得比我長呢？時間才是最後的法官。

怎麼就知道，你活得比我長呢？時間才是最後的法官。

母親節

收到安德烈的電郵，有點意外。這傢伙，不是天打雷劈的大事——譬如急需錢，是不會給他母親發電郵的。不知怎麼回事，有這麼一大批十幾二十歲左右的人類，在他們廣闊的、全球覆蓋的交友網絡裡——這包括電郵、MSN、FACEBOOK、Bebo、Twitter、聊天室、手機簡訊等等，「母親」是被他們歸入spam（垃圾）或「資源回收筒」那個類別裡去的。簡直毫無道理，但是你一點辦法都沒有。高科技使你能夠「看見」他，譬如三更半夜時，如果你也在通宵工作，突然「叮」一聲，你知道他上網了。也就是說，天涯海角，像一個雷達螢幕，他現身在一個定點上。或者說，夜航海上，茫茫中突然浮現一粒漁火，分明無比。雖然也可能是萬里之遙，但是那個定點讓你放心——親愛的孩子，他在那裡。

可是高科技也給了他一個逃生門——手指按幾個鍵，他可以把你「隔離」掉，讓那個「叮」一聲，再也不出現，那個小小的點，從你的「愛心」雷達網上徹底消失。

朋友說，送你一個電腦相機，你就可以在電腦上看見兒子了。我說，你開玩笑吧？

哪個兒子願意在自己電腦上裝一個「監視器」，讓母親可以千里追蹤啊？這種東西是給情人，不是給母子的。

我問安德烈，你為什麼都不跟我寫電郵？

他說：媽，因為我很忙。

我說：你很沒良心耶。你小時候我花多少時間跟你混啊？

他說：正常一點。

我說：為什麼不能跟我多點溝通呢？

他說：因為你每次都寫一樣的電郵，講一樣的話。

我說：才沒有。

他說：有，你每次都問一樣的問題，講一樣的話，重複又重複。

我說：怎麼可能，你亂講！我這麼聰明的人，怎麼可能？

打開安德烈的電郵，他沒有一句話，只是傳來一個網址，一則影像──「我很無聊網」，已經有四千個點擊，主題是：「與母親的典型對話」。作者用漫畫手法，配上語音，速描出一段自己跟媽媽的對話：

我去探望我媽。一起在廚房裡混時間，她說：「我燒了魚。你愛吃魚吧？」

我說：「媽，我不愛吃魚。」

她說：「你不愛吃魚？」

我說：「媽，我不愛吃魚。」

她說：「是鮪魚呀。」

我說：「謝謝啦。我不愛吃魚。」

她說：「我加了芹菜。」

我說：「我不愛吃魚。」

她說：「可是吃魚很健康。」

我說：「我知道，可是我不愛吃魚。」

她說：「健康的人通常吃很多魚。」

我說：「我知道，可是我不吃魚。」

她說：「長壽的人吃魚比吃雞肉還多。」

我說：「是的，媽媽，可是我不愛吃魚。」

她說：「我也不是在說，你應該每天吃魚魚魚，因為魚吃太多了也不好，很多魚可能含汞。」

我說：「是的，媽媽，可是我不去煩惱這問題，因為我反正不吃魚。」

她說：「很多文明國家的人，都是以魚為主食的。」

我說：「我知道，可是我不吃魚。」

她說：「那你有沒有去檢查過身體裡的含汞量？」

我說：「沒有，媽媽，因為我不吃魚。」

我問安德烈，你為什麼都不跟我寫電郵？他說：媽，因為我很忙。
我說：你很沒良心耶。你小時候我花多少時間跟你混啊？他說：理智一點。（殷允芃攝）

她說：「可是汞不只是在魚裡頭。」
我說：「我知道，可是反正我不吃魚。」
她說：「真的不吃魚？」
我說：「真的不吃。」
她說：「連鮪魚也不吃？」
我說：「對，鮪魚也不吃。」
她說：「那你有沒有試過加了芹菜的鮪魚？」
我說：「沒有。」
她說：「沒試過，你怎麼知道會不喜歡呢？」
我說：「媽，我真的不喜歡吃魚。」
她說：「你就試試看嘛。」
所以……我就吃了，嘗了一點點。之後，她說：「怎麼樣，好吃嗎？」
我說：「不喜歡，媽，我真的不愛吃魚。」
她說：「那下次試試鮭魚。你現在不多吃也好，我們反正要去餐廳。」
我說：「好，可以走了。」
她說：「你不多穿點衣服？」
我說：「外面不冷。」
她說：「你加件外套吧。」

我說：「外面不冷。」

她說：「考慮一下吧。我要加件外套呢。」

我說：「你加吧。外面真的不冷。」

她說：「我幫你拿一件？」

我說：「我剛剛出去過，媽媽，外面真的一點也不冷。」

她說：「唉，好吧。等一下就會變冷，你這麼堅持，等著瞧吧，待會兒會凍死。」

我們就出發了。到了餐廳，發現客滿，要排很長的隊。這時，媽媽就說，「我們還是去那家海鮮館子吧。」

這個電郵，是安德烈給我的母親節禮物吧？

兩本存摺

是的，我也有兩個祕密帳戶，兩本祕密存摺。兩個帳戶，都無法得知最終的累積或剩餘總數；兩本存摺，記載的數字每天都在變動，像高高懸在機場大廳的電動飛機時刻表，數字不停翻滾。

我知道兩件事：一個存摺裡，數字一直在增加，另一個存摺裡，數字一直在減少。數字一直在增加的存摺，是我自己的；數字一直在減少的那一本，是別人給我的。

於是有一天，我帶著那本不斷增加的存摺去見一個頭戴黑色斗篷看起來像魔術師的理財專家，請教他，怎樣可以使我的這本存摺更有價值。

「價值？」桌子對面的他露出神祕的微笑，上身不動，忽然整個人平行飄滑到桌子的左邊，我用眼睛緊緊跟隨，頭也扭過去，他卻又倏乎飄回我正對面，眼神狡獪地說：「小姐，我只能告訴你如何使這裡頭的『數字』增加，卻無法告訴你如何使這數字的『價值』增加。」

數字，不等同價值。也就是說，同樣是一千萬元，我可以拿去丟進碎紙機裡絞爛，可以拿去紙紮八艘金碧輝煌的王船，然後放一把火在海面上燒給神明，也可以拿去柬埔寨設立一個愛滋孤兒院。

這不難，我聽懂了。我彎腰伸手到我的環保袋裡，想把另一本存摺拿出來，卻感覺這人已經不在了；一抬頭，果然，對面的黑色皮椅正在自己轉圈，空的。皮椅看起來也沒有人的體溫。一支接觸不良的日光燈，不知在哪裡，滋滋作響。

我嘆了一口氣，緩緩走出銀行。銀行外，人頭攢動，步履匆忙。疾步行走的人在技術穿梭人堆時，總是撞著我肩膀，連「對不起」都懶得出口，人已經走遠。一陣輕輕的風拂來，我彷彿在鬧市裡聽見樹葉簌簌的聲音，抬頭一看，是一株巨大的玉蘭，開遍了潤白色的花朵，滿樹搖曳。我這才聞到它微甜的香氣。

就在那株香花樹下，我緊靠著樹幹，讓人流從我前面推著擠著湧過。從袋裡拿出我另一本存摺，一本沒人可詢問的存摺。

存摺封面是是一個電子日曆。二〇〇八年五月有三十一個小方格，每一個方格裡，密密麻麻都分配著小字：

05-01 09：00 高鐵到屏東探母
05-12 18：00 錢永祥晚餐
05-25 15：00 馬家輝談文章
05-26 19：00 安德烈晚餐

05-28 10：00 主持高行健研討會
05-30 20：00 看戲
06-01 16：00 會出版社……

輕按一下，就是六月的三十個小方格，也有密密麻麻的字；再按一下，七月的三十一個方格，密密麻麻的字；八月的三十一個方格裡，全是英文，那是南非開普頓，是美國舊金山，是德國漢堡……

不必打開，我就知道，存摺裡頭，誰裝了一個看不見的沙漏。

因為無法打開，看不見沙漏裡的沙究竟還有多少，也聽不見那漏沙的速度有多快，但是可以百分之百確定的是，那沙漏不停地漏，不停地漏，不停地漏……

因為無法打開，看不見沙漏裡的沙究竟還有多少，也聽不見那漏沙的速度有多快，
但是可以百分之百確定的是，那沙漏不停地漏，不停地漏，不停地漏……。

有一片花瓣，穿過層層樹葉飄落在我的存摺封面，剛好落在了十二月三十一日那一格。玉蘭的花瓣像一尾漢白玉細細雕出的小舟，也像觀音伸出的微凹的手掌心，俏生生地停格在十二月三十一日。

我突然就明白了：原來，這兩本存摺之間，是有斬釘截鐵的反比關係的。你在那一本存摺所賺取的每一分「金錢」的累積，都是用這一本存摺裡的每一寸「時間」去換來的。而且，更驚人的，「金錢」和「時間」的兩種「幣值」是不流通、不兌換、不對等的貨幣——一旦用出，你不能用那本存摺裡的「金錢」回頭來換取已經支付出去的「時間」。任何代價、任何數字，都無法兌換。

是的，是因為這樣，因此我對兩本存摺的取用態度是多麼的不同啊。我在「金錢」上愈來愈慷慨，在「時間」上愈來愈吝嗇。「金錢」可以給過路的陌生人，「時間」卻只給溫暖心愛的人。十二月三十一日，從今日空出。我將花瓣拿在手指間，正要低眉輕嗅，眼角餘光卻似乎瞥見黑斗篷的一角翩翩然閃過。

幸福

幸福就是，生活中不必時時恐懼。

開店鋪的人天亮時打開大門，不會想到是否有政府軍或叛軍或走投無路的飢餓難民來搶劫。

走在街上的人不必把背包護在前胸，時時刻刻戒備。

睡在屋裡的人可以酣睡，不擔心自己一醒來發現屋子已經被強制拆除，家具像破爛一樣丟在街上。

到雜貨店裡買嬰兒奶粉的婦人不必想奶粉會不會是假的，嬰兒吃了會不會死。買廉價的烈酒喝的老頭不必擔心買到假酒，假酒裡的化學品會不會讓他瞎眼。江上打魚的人張開大網用力拋進水裡，不必想江水裡有沒有重金屬，魚蝦會不會在幾年內死絕。

小學生一個人走路上學，不必顧前顧後提防自己被綁票。到城裡閒蕩的人，看見穿著制服的人向他走近，不會驚慌失色，以為自己馬上要被逮捕。被逮捕的人看見警察局不會嚇得發抖，知道有律師和法律保護著他的基本權利。已經坐在牢裡的人不必害怕被社會忘記，被當權者滅音。到機關去辦什麼證件的市井小民不必準備受氣受辱。在秋夜寒燈下讀書的人，聽到巷子裡突然人聲雜沓，拍門呼叫他的名字，不必覺得大難臨頭，把所有的稿紙當場燒掉。

幸福就是，從政的人不必害怕暗殺，抗議的人不必害怕鎮壓，富人不必害怕綁票，窮人不必害怕最後一隻碗被沒收，中產階級不必害怕流血革命，普羅大眾不必害怕領袖說了一句話，明天可能有戰爭。

幸福就是，尋常的日子依舊。水果攤上仍舊有最普通的香蕉。市場裡仍舊有一籠一籠肥胖的活雞。花店裡仍舊擺出水仙和銀柳，水仙仍然香得濃郁，銀柳仍然含著毛茸茸的花苞。俗氣無比、大紅大綠的金橘和牡丹一盆一盆擺滿了騎樓，仍舊大紅大綠、俗氣無比。銀行和郵局仍舊開著，讓你寄紅包和情書到遠方。藥行就在街角，金鋪也黃澄澄地亮著。電車仍舊叮叮響著，火車仍舊按時到站，出租車仍舊在站口排隊，紅綠燈仍舊紅了變綠，消防車仍舊風風火火趕路，垃圾車仍舊擠擠壓壓駛進最窄的巷子。打開水龍頭，仍舊有清水流出來；天黑了，路燈仍舊自動亮起。

幸福就是，機場仍舊開放，電視裡仍舊有人唱歌，報攤上仍舊賣著報紙，飯店門口仍舊有外國人進出，幼稚園裡仍舊傳出孩子的嬉鬧。幸福就是，寒流來襲的深夜裡，醫院門口「急診室」三個字的燈，仍舊醒目地亮著。

幸福就是，尋常的人兒依舊。在晚餐的燈下，一樣的人坐在一樣的位子上，講一樣的話題。年少的仍舊嘰嘰喳喳談自己的學校，年老的仍舊嘮嘮叨叨談自己的假牙。廚房

幸福就是早上揮手說「再見」的人，晚上又平平常常地回來了，
書包丟在同一個角落，臭球鞋塞在同一張椅下。

裡一樣傳來炒飯的香味，客廳裡一樣響著聒噪的電視新聞。

幸福就是，頭髮白了、背已駝了、用放大鏡艱辛讀報的人，還能自己走到街角買兩副燒餅油條回頭叫你起床。幸福就是，平常沒空見面的人，一接到你午夜倉皇的電話，什麼都不問，人已經出現在你的門口，帶來一個手電筒。幸福就是，在一個尋尋常常的下午，和你同在一個城市裡的人來電話平淡問道，「我們正要去買菜，要不要幫你帶雞蛋牛奶？你的冰箱空了嗎？」

幸福就是，雖然有人正在城市的暗處飢餓，有人正在房間裡舉起一把尖刀，有人正在辦公室裡設計一個惡毒的圈套，有人正在荒野中埋下地雷，有人正在強暴自己的女兒，雖然如此，幸福就是，你仍舊能看見，在長途巴士站的長凳上，一個嬰兒抱著母親豐滿的乳房用力吸吮，眼睛閉著，睫毛長長地翹起。黑沉沉的海上，滿綴著燈火的船緩緩行駛，燈火的倒影隨著水光蕩漾。十五歲的少年正在長高，臉龐的稜角分明，眼睛清亮地追問你世界從哪裡開始。兩個老人坐在水池邊依偎著看金魚，手牽著手。春天的木棉開出第一朵迫不及待的紅花，清晨四點小鳥忍不住開始喧鬧，一隻鵝在薄冰上滑倒，拙態可掬，冬天的陽光照在你微微仰起的臉上。

幸福就是，早上揮手說「再見」的人，晚上又平平常常地回來了，書包丟在同一個角落，臭球鞋塞在同一張椅下。

最後的下午茶

從一月十三日開始，我每個星期日到大理街去。冬日的下午四點，常常下著小雨，帶點寒意。我們總是開了暖氣，燃起燈，泡好了熱茶，才開始談話。

一輩子拒絕寫回憶錄、不願意被採訪的余先生對擺在桌面上的幾支錄音機有點兒不慣，也不讓我把小麥克風別在他襟上。好，不要就不要，你別怕錄音機，我不也在作筆記嗎？

講到東北戰爭的細節，情感的衝動使他忘了錄音機的威脅，抓起麥克風當道具：喏，這是瀋陽，這是長春，公主嶺在那邊……，更激動的時候，就把筆從我手中拿去，直接在我的筆記本上畫起作戰地圖來。

我們一小時又一小時地談，窗外夜色越來越黑，到了晚飯時刻，管家把飯菜擺上了桌，漸漸涼掉，涼掉了再熱。有一晚，起身去用餐時發現已是夜裡九點，他已經口述了五小時，卻一點也不想停止。我坐在那兒發慌：回憶像甜苦的烈酒，使他兩眼發光，滿蓄的感情猶如雪山融化的大河湧動，我們該談下去談下去，徹夜談下去不要停。可是他猛烈地咳嗽，不得不硬生生地煞住：好，今天就到這裡吧。

他很虛弱，從回憶的纏綿迷宮中抽身而出，顯得不太捨得。到了飯桌上，他又開始敘述起來，我於是乾脆將收好的錄音機又取出來，把盛飯聲、喝湯聲、咳嗽聲、笑聲和歷史的空谷回音一併錄進。

好幾個下午和夜晚，風雨無阻地，我們坐在燈下工作。有時候我帶來一把亂七八糟的糖果，問他吃不吃，他總是說「吃」。於是我們一人一個，剝糖紙吃糖。我放縱自己想喝濃咖啡，問他喝不喝，他總是說「喝」。於是我們一人一杯滾燙的咖啡，慢慢兒喝，就在那冬日暖爐邊。我不知道他的身體狀況究竟容不容許吃糖果喝濃咖啡，但是他興致盎然，好像在享受一場春日的下午茶。糖果紙是花花綠綠的玻璃紙，剝起來發出脆脆的聲響，燈光照著，泛出一團炫麗。

有一天晚上在敘述中碰到一個細節，「這我說不清了，」他說，「可是白先勇知道，你打電話給他。」

算算時間，是美國西部的清晨兩點。我猶豫著，他也猶豫著。

然後他下了決定，說：「打吧！」

回憶真的是一道洩洪的閘門，一旦打開，奔騰的水勢慢不下來。

電話不斷地撥，總是傳真的聲音，試了許久，只好放棄。他露出孩子似的失望的表情，我也垂頭喪氣。

他又拾起一顆糖，慢慢兒地在剎那五彩繽紛的糖紙。房子靜悄悄的，時間是一隻藏在黑暗中的溫柔的手，在你一出神一恍惚之間，物走星移。

我看見一個眼睛清亮四歲的孩子在北京的胡同裡吃糖，溥儀剛退位；我看見一個十歲的學童在江蘇的村子裡看《史記》，直皖戰爭爆發；我看見一個十來歲奶聲奶氣卻故作老成的少年在上海讀《飲冰室文集》被梁啟超深深震動，五卅慘案正在發生；我看見一個英氣逼人的二十歲青年在南京街頭追打誤國的外交部長，九一八事變震驚了全世界；我看見一個心裡藏著深情、眼睛望向大海的年輕人憂鬱地踏上駛往倫敦的輪船，懷裡揣著姊姊給的手帕，蔣委員長正在進行對共軍的第四次圍剿，毛澤東的部隊遭到胡宗南的突襲，損失慘重。我看見……。

我看見一個文風郁郁的江南所培養出來的才子，我看見一個只有大動盪大亂世才孕育得出來的打不倒的鬥士，我看見一個中國知識分子的當代典型——他的背脊直，他的眼光遠，他的胸襟大，他的感情深重而執著，因為他相信，真的相信：士，不可以不弘毅。

我看見一個高大光明的人格。

可是鯨魚也有淺灘的困境。動完劇烈的手術再度出院，他在思索靜養的地方。我說，太湖邊吧！你是水鄉的孩子，到湖邊去休息，看看水和柳樹，放一箱線裝書在柳樹下，線裝書書目我提供，從陸游《入蜀記》到蘇軾詩集，我幫你準備。

他好像在聽一個不可及的夢想，又彷彿在夜行暗路上突然聽見熟悉的聲音，輕輕呼喚自己的名字，帶點不可思議的嚮往，與情怯：是啊，太湖邊、柳樹下、線裝書……。

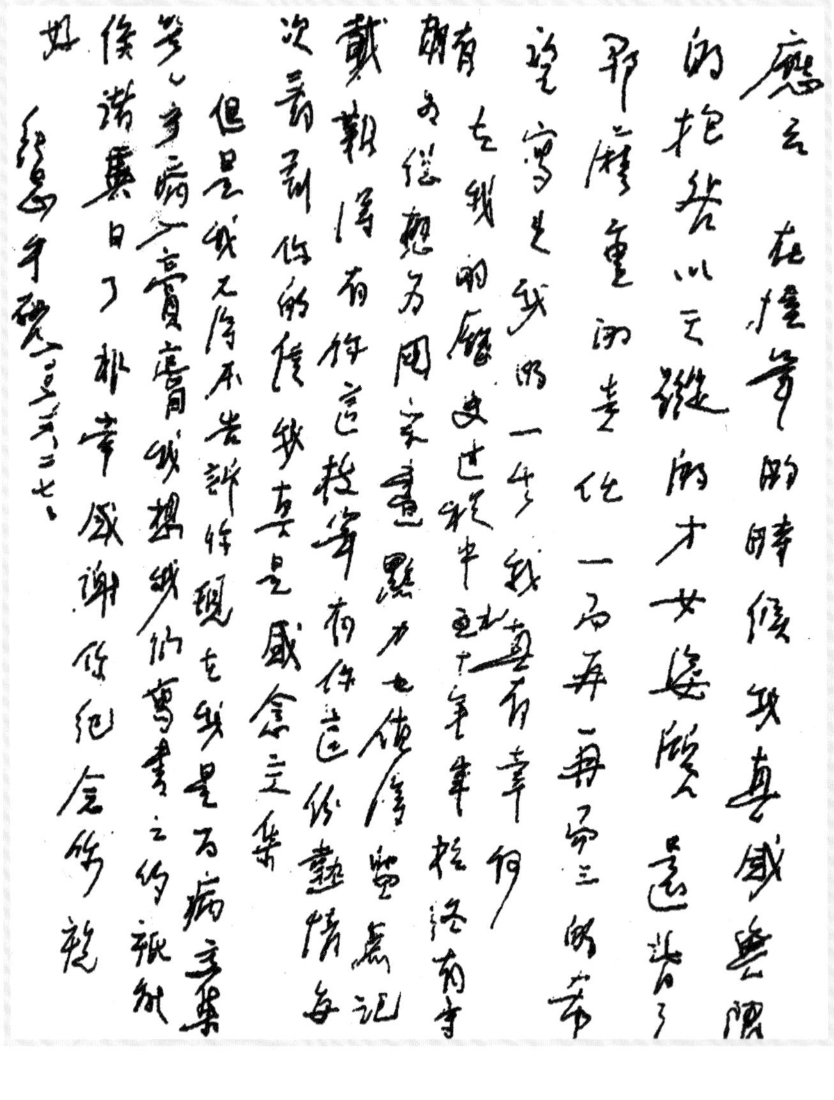

應台：
在懂事的時候我真感無限的抱歉以及感激你的才女姿態意趣了那麼寶貴的時光一而再再而三的希望寫出我的一生我真有幸何能在我的歷史過程中直到十年來始終有幸朝與總想為國家盡點力也使得實記載難得有你這樣有你這份熱情每次讀到你的信我真是感念之極
但是我不得不告訴你現在我是為病之累笑之身病了實在我想我們寫書之約祇能候諸異日了非常感謝你紀念你祝
好
孫運璿手啟　一五、六、二七

半晌，他回過神來，深深嘆了口氣。

我知道，我知道，我知道那嘆氣的意思。余先生，我平和地說，沒有人，沒有任何人，可以剝奪一位九十歲的人回到他故鄉的權利。

我很平和地說，可是心裡有說不出的痛楚。

他沒有去太湖，他去了日本，去了紐西蘭。風光明媚如畫的地方，但是，那裡沒有一個黿頭渚，渚上有小屋，屋中曾有一個一九三二年，男女同學在星空水光中流著眼淚唱著歌，談拋頭顱灑熱血、談救國家救民族……。

從紐西蘭休息回來，我發現，他已經衰弱到無力敘述的程度。從紐西蘭一路抱回來的茸毛黑狗，他說：「送給你。」黑狗明顯的是隻嬰兒狗，幼稚可愛得令人難以抗拒，我抱著上班。可是他怎麼會買玩具狗？九十三歲的眼睛和四歲，竟是同一雙眼睛？靈魂裡，還是那看《史記》的孩子、深情而憂鬱的青年？

在病房裡，握起他仍舊溫暖的手，我深深彎下，眼淚滴在他手背上。江南的孩子啊，帶著我們的不捨和眼淚，你上路吧。如果這個世界這個世紀的種種殘忍和粗暴不曾嚇著你，此去的路上也只有清風明月細浪拍岸了。不是漸行漸遠，而是有一天終要重逢；你的名字，清楚地留在世紀的史記裡。

原載於《中國時報．人間副刊》，二〇〇二年四月十一日附記：余紀忠先生（1910—2002），江蘇武進人，國立中央大學畢業，後赴英國倫敦政經學院就讀。一九四九年來台後，創辦台灣大報之一《中國時報》，余先生戒嚴時代守護知識與真相，不遺餘力，樹立了一代報人之典範。

II ／ 沙上有印，風中有音，光中有影

路過一場草地上的婚禮。白色的帳篷一簇一簇搭在綠色的草坪上，海風習習，明月當空，鳳凰木的細葉在夜空裡飄散，像落花微微。幾百個賓客坐在月光裡，樂隊正吹著歡愉的小喇叭。

尋找

我很忙，真的，盡量不要請我演講、座談、寫序或是什麼推薦信。我真的很忙。

我寄住在一個島上。這個島的面積，如果不包括它旁邊突出來讓海鷗打個盹的大小岩石，大概只有七十六平方公里，也就是說，直走個八公里路，橫行個九公里半，再走就要掉到海裡去了。

島的位置，據說是北緯二十二度十一分，東經一一三度三十二分。台灣的嘉義有個二十三度線，對，你往下走大約八〇八・八二公里，就會碰到我。

碰到我時，不要跟我打招呼，我一定正在忙，忙著望出我的窗外，盯著窗外這一片濃綠的樹林。

是這樣的。我搬來這北緯二十二度十一分、東經一一三度三十二分的第一個春天，二〇〇四年二月一日星期天——你可以去查證日期；因為早春的風從西邊非常輕柔、輕柔地瀰漫過來，帶著海洋的鮮涼味，我就不知不覺捧著書坐到了面海的陽台上。那是一本剛剛出版的德文書，一個德國作家寫他從柏林徒步行走到莫斯科的紀實——那是一六

○七・九九公里。讀著讀著，我開始感覺不舒服，心悸，難過。

放下書，眺望海面，慢慢地，像一個從昏迷中逐漸甦醒的人，我一點一點明白起來。讓我心悸、難過、不舒服的，不是海面上萬噸巨輪傳來的笛鳴，也不是那輕柔的海風裡一絲絲春寒料峭。是有一隻鳥，有一隻鳥，一直在啼。

從我高高的陽台到平躺著的大海水面，是一片虛空。所謂空，當然其實很擠，就是說，有夕陽每天表演下海的慢動作、有島嶼一重又一重與煙嵐互扯、有黃昏時絕不遲到的金星以超亮的光宣傳自己來了、有上百艘的船隻來來去去、有躁動不安的海鷗上上下下、有不動聲色的老鷹停在鐵塔上看著你、有忙得不得了一直揉來揉去的白雲——還常常極盡輕佻地變換顏色、有灰色的雨突然落下來、有閃電和雷交織，好像在練習走音的交響曲、有強烈陽光，從浮動的黑雲後面直擊海面忽閃忽滅，像燈光亂打在一張沒有後台的舞台上。

可是整個空間像萬仞天谷。在這萬仞天谷中，有一隻鳥，孤單一隻鳥，啼聲出奇地洪亮，充滿了整個天谷，一聲比一聲緊迫，一聲比一聲淒厲。我放下書，仔細聽，聽得毛骨悚然，聽得滿腔難受，怎麼聽，都像是一個慌張的孩子在奔走相告：

苦啊！苦啊！苦啊！苦啊！

怎麼會有這樣的鳥，巨大的聲音，跨越整個樹林和海面，好像家中失了火，滿村子哀告：苦啊，苦啊，苦啊，苦啊……

我飛奔進臥房裡拿眼鏡。我飛奔進書房裡拿望遠鏡。我飛奔回陽台，像潛水艇浮出

牠的淒苦哀叫，離開了海面，穿越我的頭上，到了另一頭，就是我臥房外面的樹林。
我抓著望遠鏡奔到窗口，瞄準了樹林。

海面的偵察雷達，我全神貫注，看。

牠的淒苦哀叫，離開了海面，穿越我的頭上，到了另一頭，就是我臥房外面的樹林。我抓著望遠鏡奔到窗口，瞄準了樹林。

牠的啼泣，大到蓋住了汽車行駛的聲音。樹林很深，牠繼續哀哭：苦啊，苦啊，苦啊。我努力地看，卻怎麼也看不見牠。窗外一片樹林，成群的鳳頭雪鸚鵡我看見，悠乎遊乎的老鷹我看見，但是，我看不見那家中出了事的苦兒。

我很忙，因為我一直在找牠。我不知道牠的長相，也不知道牠的名字。你如何從「苦啊苦啊」的聲音，上網去查出牠究竟是誰？

兩個月後，一個上海老朋友來訪。我泡了碧蘿春，和他並肩坐在陽台上看海。驀然間，一聲青天霹靂的「苦啊——」，從樹林深處響起。我驚跳起來，朋友訝異地「唉呀」出口，說：「嗄，怎麼香港有杜鵑啊？」

憂鬱

從二月第一個禮拜開始，薄扶林的杜鵑開始啼叫；像裝了擴音器，苦不堪言的悲啼從海面往我的陽台強力放送。從清晨，到清晨，二十四小時不歇止的如泣如訴，尤其在晨昏隱晦、萬物唯靜的時刻，悲哀響徹海天之間。牠使我緊張、心悸，使我怔忡不安，使我萬念俱灰，使我想出家坐禪。

怎麼會這樣呢？三月雜樹生花、柳絮滿天時，很多人會得花粉熱，淚水噴嚏不停。但是，有人得過「杜鵑憂鬱症」嗎？

我忙著查資料，這一查，嚇了一跳。誰說我的症狀特別呢？

白居易的〈琵琶行〉就寫到他聽見的聲音：「住進湓城地低濕，黃蘆苦竹繞宅生。其間旦暮聞何物，杜鵑啼血猿哀鳴。」

杜牧也曾經一邊聽杜鵑，一邊寫詩：「蜀客春城聞蜀鳥，思歸聲引來歸心。卻知夜夜愁相似，爾正啼時我正吟。」

這一首木公的詩，更悽慘：「山前杜宇哀，山下杜鵑開，腸斷聲聲血，即行何日回？」

重讀秦觀的〈踏莎行〉，簡直就是典型的憂鬱患者日誌：「霧失樓台，月迷津渡，桃源望斷無尋處，可堪孤館閉春寒，杜鵑聲裡斜陽暮。」

滿腦子理學的朱熹，聽了杜鵑也忍不住嘆息：「不如歸去，孤城越絕三春暮。」我好奇，研究生物的李時珍會怎麼說這不尋常的鳥？

「杜鵑，出蜀中，今南方亦有之。狀如雀鷂，而色慘黑，赤口有小冠，春暮即鳴，夜啼達旦，鳴必向北，至夏尤甚，晝夜不止，其聲哀切。」

我的陽台面對西南，而杜鵑北向而鳴，難怪了，牠每天正是衝著我的陽台在叫的。「夜啼達旦，其聲哀切」，李時珍顯然也曾因為杜鵑的哀啼而徹夜失眠。

〈格物總論〉稱杜鵑為「冤禽」。讀到這兩個字，我趕忙把窗關上。「冤禽，三四月間夜啼達旦，其聲哀而吻血。」李時珍只說牠「哀切」，這裡說牠「哀而吻血」了，彷彿杜鵑哭得一嘴濕淋淋的鮮血。此時窗外一片黝黑，杜鵑一聲比一聲緊迫，我打了一個冷顫。這比愛倫坡的「烏鴉」還要驚恐。

其聲悲苦，必定含冤，所以〈蜀志〉裡記載，杜鵑是望帝化身的。牠把帝位讓給能治水的鱉靈，後來想取回時，卻不可得，於是化為「冤」鳥，整日哀啼。遠古的蜀人，顯然和今天住在海邊的我一樣，對杜鵑啼聲的「哀而吻血」覺得無比難受，所以非得找出一個「理由」來解釋牠的詭譎。有了解釋，所有難以理解的事情，都能以平常心看待了。

我衝到陽台，凝神看海面，希望看見那「狀如雀鷂，而色慘黑」的苦主，可是海上一片風雲動搖，光影迷離，任我怎麼定睛專注，都看不見杜鵑的蹤跡。

杜鵑不只出現在詩裡，也出現在小說中。元朝的《瑯環記》，讀來像個完整的「病歷」敘述：「昔有人飲於錦城謝氏，其女窺而悅之。其人聞子規啼。心動，即謝去。女甚恨，後聞子規啼，則怔忡若豹鳴也，使侍女以竹枝驅之曰：豹，汝尚敢至此啼乎？」

這個「病歷」裡，兩個人都有病。男子聽了杜鵑哀啼，得了心悸，就斷絕了一份感情，匆匆遠離。那動了感情的女子，戀情無所著落，此後凡聽見杜鵑，就出現「怔忡」症狀。

有一天，杜鵑的泣聲又從海那邊響起。我衝到陽台，凝神看海面，希望看見那「狀如雀鷂，而色慘黑」的苦主，可是海上一片風雲動搖，光影迷離，任我怎麼定睛專注，都看不見杜鵑的蹤跡，拍下那一刻，是二月四日下午四時二十一分。

每年二月第一個禮拜牠突然抵達，五月最後一個禮拜牠悄然消失，然後蟬聲大作。我的症狀，六月開始平靜，然後不知為何，心裡就開始暗暗等著牠明春的回頭。這春天憂鬱症，竟是沒藥可治的了。

我村

香港仔是「我村」。「我村」的意思就是，在這一個小村裡，走路就可以把所有的生活必需事務辦完。

早上十點，先去銀行。知道提款機在哪個角落，而且算得出要等多久。兩三個月一次，你進到銀行裡面去和專門照顧你的財務經理人談話。坐在一個玻璃方塊內，他把你的財務報表攤開。他知道你什麼都不懂，所以用很吃力的國語認真地對你解釋什麼是什麼。有一天，他突然看著你說：「我走了，你怎麼辦？」好像一個情人要去當兵了，擔心女朋友不會煮飯。原來他要跳槽去了。

十一點，到二樓美容院去洗頭。長著一雙鳳眼的老闆娘一看到你，馬上把靠窗的那張椅子上的報紙拿開，她知道那是你的椅子。她也知道你的廣東話很差，所以不和你聊天，但是她知道你若是剪髮要剪什麼髮型，若是染髮用的是什麼植物染料；在你開口以前，她已經把咖啡端過來了。

十二點，你跨過兩條橫街，到了郵局，很小很小的一間郵局。你買了二十張郵票，寄出四封信。郵務員說：「二十文。」「二十塊」說「二十文」，總讓你覺得好像活在清朝，但是還沒完，他的下一句是：「你有碎銀嗎？」沒有，你沒有「碎銀」，因此他只好打開抽屜，設法把你的五百大鈔找開，反倒給了你一堆「碎銀」。

帶著活在清朝的感覺走出郵局，你走向廣場，那兒有家屈臣氏，可以買些感冒喉片糖漿。你準備越過一個十字路口，不能不看見十字路口那個小廟，不到一個人高，一公尺寬，矮墩墩地守在交通忙亂的路口。蹲下來才看得見小廟裡頭端坐著六個披金戴銀的神像，香火繚繞不絕。計程車在川流不息的人群裡擠來擠去，廟口的信徒拈香跪拜，一臉虔敬，就在那川流不息的人潮車陣裡。矮墩墩的廟卻有個氣勢萬里吞雲的名字：大海王廟。廟的對聯寫著：「大德如山高，王恩似海深」。信徒深深拜倒。

廣場，像一個深谷的底盤，因為四周被高樓密密層層包圍。高樓裡每一戶的面積一定是侷促不堪的，但是沒有關係，公共的大客廳就在這廣場上。你看過鴿子群聚嗎？香港仔的廣場，停了滿滿的人，幾百個老人家，肩並肩坐在一起，像胖胖的鴿子靠在一起取暖。他們不見得彼此認識，很多人就坐在那兒，靜默好幾個鐘頭，但是他總算是坐在人群中，看出去滿滿是人，而且都是和自己一樣白髮蒼蒼、步態蹣跚的人。在這裡，他可以孤單卻不孤獨，他既是獨處，又是熱鬧；熱鬧中獨處，彷彿行走深淵之上卻有了欄杆扶手。

最後一站，是菜市場。先到最裡邊的裁縫那裡，請她修短牛仔褲的褲腳。二十分鐘後去取。然後到了肉鋪，身上的圍裙沾滿血汁肉屑的老闆看見你便笑了一下，你是他練

「二十塊」說「二十文」，總讓你覺得好像活在清朝，
但是還沒完，他的下一句是：「你有碎銀嗎？」

習國語的對象。第一次來，你說，要「蹄膀」，他看你一眼，說：「台灣來的？」

「怎麼知道？」

他有點得意：「大陸來的，說肘子。廣東人說豬手。只有台灣人說蹄膀。」

嗄？真有觀察力，你想，然後問他：「怎麼說豬手？你們認為那是他的『手』啊？你們認為豬和人一樣有兩隻手，兩隻腳，而不是四隻腳啊？」

他挑了一隻「豬手」，然後用一管藍火，快速噴燒掉豬皮上的毛，發出滋滋的聲音，微微的焦味。

花鋪的女老闆不在，一個腦後梳著髮髻的阿婆看著店。水桶邊有一堆水仙球根，每一團球根都很大，包蓄著很多根。「一球二十五文。」阿婆說。我挑了四個，阿婆卻又要我放下，咕嚕咕嚕說了一大串，聽不懂；對面賣活雞的阿婆過來幫忙翻譯，用聽起來簡直就是廣東話的國語說：「阿婆說，她不太有把握你這四個是不是最好的根，所以她想到對街去把老闆找回來，要老闆挑最好的給你。」

阿婆老態龍鍾地走了，剩下我守著這花鋪。對面雞籠子裡的雞，不停閃動翅膀，時不時還「喔喔喔」啼叫，用最莊嚴、最專業的聲音宣告晨光來臨，像童話世界裡的聲音，但是一個客人指了牠一下，阿婆提起牠的腳，一刀下去，牠就蔫了。

海倫

海倫一個禮拜來幫我打掃一次。看見我成堆成堆的報紙雜誌，擁擠不堪的書架，床頭床邊床底都是書，她認為我「很有學問」。當她看見有些書的封面或封底有我的照片，她更尊敬我了。

她一來就是五個鐘頭，因此有機會看見我煮稀飯——就是把一點點米放進鍋裡，加很多很多的水，在電爐上滾開了之後用慢火燉。

海倫邊拖廚房的地邊問：「你們台灣人是這樣煮粥的嗎？」

「我不知道台灣的別人怎麼煮粥的，」我很心虛：「我是這麼煮的。」

我想了一下，問她：「你們廣東人煮粥不這麼煮？」

下一週，海倫就表演給我看她怎麼煮粥。米加了一點點水，然後加點鹽和油，浸泡一下。她還帶來了鴨胗和干貝。熬出來的粥，啊，還真不一樣，美味極了。當我讚不絕口時，海倫笑說：「你沒學過啊？」

我是沒學過。

她把整盆水仙帶到廚房，拿起小刀，開始一層一層剝除球根外面那難看的外皮。
我放下電腦，站到她旁邊看。她說：「你……沒學過？」

過了兩個禮拜，我決心自己試煮「海倫粥」。照著記憶中她的作法，先把米泡在鹽油裡。冰箱中裡還有鴨胗和干貝，取出一摸，那鴨胗硬得像塊塑膠鞋底。打電話找到海倫——那一頭轟隆轟隆的，海倫正在地鐵裡。我用吼的音量問她：「鴨胗和干貝要先泡嗎？」

「要啊。熱水泡五分鐘。」她吼回來。

「泡完要切嗎？」

「要切。」

「什麼時候放進粥裡？」

「滾了就可以放。」

「謝謝。」

鴨胗即使泡過了，還是硬得很難切。正在使力氣，電話響了，海倫在那頭喊：「要先把水煮滾，然後才把米放進去。」

她顯然也知道，太晚了，我的米早在鍋裡了。

海倫清掃的時候，總是看見我坐在電腦前專注地工作，桌上攤開來一落又一落的紙張書本。當我停下工作，到廚房裡去做吃的，她就留了眼角餘光瞄著我。我正要把一袋生米倒到垃圾桶裡，被她截住。

「放太久，裡頭有小蟲了。」我指給她看。看不見，於是我舀出一碗米，放進水裡，褐色的小蟲就浮到水面上來，歷歷在目。

「這種蟲，」海倫把米接過去，「沒關係的，洗一洗，蟲全部就浮上來，倒掉它，米還是好的。我們從小就是這麼教的。」

我站在一旁看她淘米。她邊做邊問：「你——沒學過啊？」

我大概像個小學生似地站在那裡回答：「沒……沒學過。」

米洗好了，她又回頭去摘下一顆特別肥大的蒜頭，塞進米袋裡。微笑著。

「這樣，蟲就不來了。」

「好聰明。」

「你……沒學過？」

嗯，沒有，沒學過。

從香港仔買回來的水仙球根，像個拳頭那麼大，外面包著一層又一層難看的黑褐色外皮，但是裡頭露出嬰兒小腿一樣的晶白肉色，姿態動人。我把球根放進蓄滿了清水的白瓷盆裡，自己覺得得意。

海倫來了。她先劈哩啪啦橫衝直撞地打掃，我的眼睛不離開電腦但是人站起來以便她的吸塵器管子可以伸到桌下。一陣齊天大聖式的翻天覆地之後，安靜下來，她看到那盆水仙，輕輕說：「你們不把水仙外面那層拿掉？」

她把整盆水仙帶到廚房，拿起小刀，開始一層一層剝除球根外面那難看的外皮。我放下電腦，站到她旁邊看。她說：「你……沒學過？」

事實上的情況發展是，只要海倫在，我連煎個荷包蛋都有點心虛了。

火警

在這一棟二十二層高的大樓住了三年，沒有認識大樓裡一個人。一層兩戶，共四十四戶人家。如果把每一戶人家放進一個獨門獨戶籬笆圍繞的屋子裡去，四十四戶是個頗具規模的村子了。人們每天進出村莊，路過彼此的桑麻柴門一定少不了駐足的寒暄和關切。把四十四戶人家像四十四個貨櫃箱一樣一層一層堆疊成大樓，每一個貨櫃門都是關閉的，就形成一種老死不相往來的現代。作息時間不同，連在電梯裡遇見的機會都不很大。我始終有「雲深不知處」的感覺。

我的對門，一開門就會看見。可是三年了，不曾在門前撞見過人。我只認得他的門，門前一尊秦俑，莊嚴地立在一張刷鞋的地氈上，守著一個放雨傘的大陶罐。椰汁燉肉的香氣從廚房那扇門瀰漫出來，在樓梯間迴盪，像一種祕密的洩漏，洩漏這兒其實有生活。聽說，對門住的是個美國來的哲學教授。

我的樓上，想必住著一個胖子，因為他的腳步很重，從屋子這一頭走到那一頭，我感覺到他的體重。胖子顯然養了一條狗，狗在運動，從房間這一頭跑到那一頭，帶爪的蹄子「刷刷」抓著地板的聲音像傳真一樣清晰；蹄聲輕俏，想必是體型較小的狗——

「可是，」安德烈說：「會不會是一隻體型較大的老鼠呢？」

胖子還養了一個孩子，孩子在屋裡拍球，球碰地的聲音，有一下沒一下的，一會兒它砰砰砰滾往角落，小腳撲撲撲追過去。有一天，聲音全換了，我知道，原來的人家搬走了，新居民進來了。啊，我連搬家卡車都沒見到，也沒聽見大軍撤離的聲音。

唯一常見的，是一位老太太。老太太身材修長，總是穿著合身的絲質連衣裙，有點年輕女孩的感覺。我發現她不會講廣東話，開口竟然是我所熟悉的閩南語。於是進出大門時，我們會以閩南語招呼彼此。八十八歲的她，孤單地在庭前散步，腳步怯怯地，好像怕驚擾了別人。她從這一頭的相思樹走到那一頭的柚子樹，然後折回來，走到相思樹，又回頭走往柚子樹。上午九點我匆匆出門，看見她在相思樹下，黃昏時從大學回來，看見她在柚子樹下。她的眼睛，有點憂鬱，有點寂寞，可是帶著淡淡的矜持；黃昏

如果把每一戶人家放進一個獨門獨戶籬笆圍繞的屋子裡去，四十四戶是個頗具規模的村子了。
人們每天進出村莊，路過彼此的桑麻柴門一定少不了駐足的寒暄和關切。

遲遲的陽光照著她灰白的頭髮。

庭院裡，每週四會停著一輛卡車，一停就是整個下午。車後的門打開，一節小小的梯子讓你爬進車肚，車肚裡頭是個小雜貨蔬果店，皮蛋、洋蔥、香蕉、蔬菜、泡麵……老頭穿著短褲汗衫，坐在一張矮凳上看報。蔬菜的種類還不少，雞蛋也是新鮮的。他本來是薄扶林種地的，卡車裡賣的還是他自己的地上長出來的蔬菜。

有一天，火警鈴聲大作。是測試吧？我們繼續讀書，可是鈴聲堅持不停，震耳欲聾。安德烈從書房出來，我們交換了一個眼神，決定按規定逃生。放下手中書本，抓起手機，我們沿著樓梯往下走。樓梯間腳步聲雜沓，到了庭院裡，已經有十來個人聚集，往上張望，想看出哪兒冒黑煙。消防車在五分鐘內已經到達，消防人員全副武裝進入大樓。

第一次，我看見這棟大樓的居民，果然華洋雜處。大家開始七嘴八舌彼此比較：火警時，你帶了什麼東西奪門而出？有人把正在看的報紙拿在手上，有人抓了錢包，有人說：「下次一定要把手提電腦抱著走，裡面多少東西啊。」另一個就說：「可是，如果不是真的火災，你抱著電腦下來，多好笑啊。」一個金頭髮的女人，揚揚手裡的塑膠袋，說：「這個袋子，我永遠放在門邊，裡頭有護照、出生證明、結婚證書、博士證書，還有一百美金。」眾人正為她的智慧驚嘆不已，消防人員走了出來，說：「沒事沒事，誤觸警鈴啦。」

薄扶林

是一株龍眼樹。樹皮粗獷，紋路深鑿，樹身暴筋虯結，顯然是株百年老樹。樹幹上纏著很多個東歪西倒的信箱，用生了鏽的鐵絲或一截電線草草綁著，塗了手寫的號碼「47陳」、「58朱」……

緊緊貼著老樹的，竟然是一座鐵皮屋，範圍很小，卻是兩層樓，所以基本上是個方形大鐵桶，可是主人一絲不苟地把它漆成藍色，看起來就像個藝術家絞盡心力的前衛作品：一座藍色的鐵屋密實依靠一株潑墨色的龍眼樹，幾乎長成一體。

裡頭住人嗎？

我敲門，一陣窸窸窣窣，最裡面一層木門打開了，她就隔著紗窗門，小心地探頭看。紗窗破了一個洞，剛好襯出她額頭上的白髮和皺紋。

看見我，她張開嘴笑了。問她幾歲，她搖頭，「太老了，不記得了。」問她：「這鐵皮屋哪時建的？」她笑得一派天真，「太老了，不記得了。」我退後一步，看見門上塗著「1954」——「是這年建的嗎？」她笑，「太老了，不記得了。」

幫她拍了好幾張照片；臨去時，她說，她也想要一張，我說，一定給你送來。

坡勢陡峭，鐵皮屋和水泥矮房參差層疊。百日紅開在牆角，花貓躺在石階上，廢棄的園子裡牽牛花怒放，粉蝶就鬧了開來。太陽對準僅容一人行走的窄巷射出一道曲折的光線，割開斑駁的屋影。

山村簡陋，可是溝渠乾淨。小徑無路，可是石階齊整。屋宇狹隘，然而顏色繽紛。漆成水藍、粉紅、鵝黃、雪白的小屋，錯落有致。放學時刻，孩童的嬉戲聲、跳躍聲在巷弄間響起。成人在小店門口大口喝茶、大聲「傾蓋」。雜貨店的老闆在和老顧客說笑。十幾個男人在「居民業餘遊樂社」裡打牌，一個人興匆匆地從屋裡拿出一張黑白照片攤開在桌上，說：「你看，這是一九四六年的薄扶林村。」

一九四六年嗎？但是我來看薄扶林村，是為了一個更早的日期喔。

網上流傳一個無法證實的野史，說，薄扶林村的村史要從康熙年間的三藩之亂說起，兩千多人逃避戰亂而來到這裡，成為香港島上的「原住民」。三藩之亂，從一六七三年開始動盪了八年，但是，在這個八年之前連續二十幾年，滿清雷霆掃蕩晚明勢力，廣東沒有平靜過。一六五〇年，廣東南雄在城破之後已經「家家燕子巢空林，伏屍如山莽充斥」，廣州更是萬劫不復。被清軍圍城將近十個月之後，尚可喜的軍隊破城而入，開始了「廣州大屠殺」。有一種估計是，在十二天之內，七十萬廣州市民被殺。

這種數字，我必須轉化成現代比擬才能感受到它的真實性：一九九四年的非洲盧安達種族大屠殺，在三個月內八十萬人被害。

他們從廣州扶老攜幼，跋山涉水，尋找一個距離屠殺現場最遠的地方，
並且決定從此以後，這裡就是以後一代一代孩子們的故鄉。

荷蘭使臣約翰。紐霍夫描述他所看見的廣州：「韃靼全軍入城之後，全城頓時是一片悽慘景象，每個士兵開始破壞，搶走一切可以到手的東西；婦女、兒童和老人哭聲震天。從十一月二十六日到十二月十五日，各處街道所聽到的，全是拷打、殺戮反叛蠻子的聲音；全城到處是哀號、屠殺、劫掠；凡有足夠財力者，都不惜代價以贖命，然後逃脫這些慘無人道的屠夫之手。」

三百五十年前來到薄扶林山村的兩千人，是不是就是那「不惜代價以贖命，然後逃脫」的南粵人？他們從南雄和廣州扶老攜幼，跋山涉水，尋找一個距離屠殺現場最遠、距離恐怖政權最遠的孤島，在孤島的樹林和海面上，瞥見很多鳧鳥棲息，因此稱這山凹處為薄鳧林，並且決定從此以後，這裡就是以後一代一代孩子們的故鄉？

我沒想到，薄扶林村，在什麼都以「拆」為目標的香港，三百五十年後，竟然還好端端地立在這山凹處，花貓伸個懶腰，百日紅搖著微風，忘了年齡的老媽媽笑著跟我揮手道別；山村裡，聽得見孩子們跑步回家的趴趴足音。

黑幫

今年三月，很多人報案，金山郊野公園的猴子狀態慘烈：眼睛被撕裂了，皮毛血跡斑斑，還有手腳斷裂的，耳朵被拔下來的。漁護署的專家趕去犯罪現場蒐證，結論是，這不是人為殘虐，而是金山的猴兒們為了爭奪勢力範圍，幫派火併的結果。九龍山一帶有九個猴幫，每一個幫由八個到兩百個「兄弟」嘍囉組成，行為舉止，大概和《莊子》所描述的「盜跖」幫派差不多：

盜跖從卒九千人，橫行天下，侵暴諸侯。穴室摳戶，驅人牛馬，取人婦女。貪得忘親，不顧父母兄弟，不祭先祖。所過之邑，大國守城，小國入保，萬民苦之。

九龍山最大的猴幫還有個名字，叫「阿跛」，家大業大，有從卒兩百，橫霸九龍，呼嘯山林。派系爭奪領地和美婦，動輒格鬥，血流百步。牠們幫規嚴密，行動一致，對幫內叛徒的懲罰，絕不手軟。

去金山公園散步，才到山寨門口，就看見一個翹耳朵的火眼金睛守著「不得擅進」的牌子，大剌剌坐在那兒瞪著。一進去，感覺就像闖入了一個不對外開放的部落內部，看見部落村民的作息，也被村民用好奇的眼光回看個夠。當我們在涼亭下圍成一圈坐下來談話時，我們身後也圍了一圈猴子父老，蹲坐下來，搔腦抓耳地看著我們開會。我們走動時，一群猴童跟著忽前忽後、爬上爬下。偶爾有一隻孤單的猴，帶點距離觀察我們，看起來落落寡歡，額頭還有塊打架的傷口；漁護署的朋友說：「大概是決鬥失敗，被開除的傢伙。」

小徑的兩旁，葉濃樹密，藤蔓糾纏，儼如叢林。一抬眼，赫然發現，原來一棵樹就是一個村，滿樹是猴，每個枝椏裡都坐著一隻母猴，懷裡一個嬰兒，眼睛之大，佔滿了整個頭。稍大一點的幼猴，就在盪鞦韆，從一根藤「呼」一下盪到另一根。部落長老們，身材碩長，神情嚴肅，坐在樹根上，盯著你看，一派深藏不露，就差手裡拿根菸管，否則真讓你以為是村裡的爺爺們坐在老廟前的大榕樹下。

牠們之間也有族群差異。短尾巴、肥身材的，是恆河獼猴。一九〇一年開始建九龍水庫時，工程人員引進了恆河猴，因為牠們愛吃馬錢。馬錢，是一種「斷腸草」，果子有毒，掉進水庫裡有害。身材瘦長的是長尾獼猴，五〇年代被飼養者放生而在野外繁殖。兩者的混血兒，就可愛了，尾巴不長不短，耳朵不大不小，絨毛鬆軟豐沛，憨態可掬。

香港的人口愈生愈少，一個婦女平均生〇．九五個孩子。香港的猴口愈生愈多，每年幾乎成長十%，現在已有超過兩千隻。眼看這山地族群的擴張，聰明的香港人也針對牠們發展出特殊的「節育計畫」：他們捕捉公猴，加以結紮注射，母猴，也可以經過

九龍山最大的猴幫還有個名字，叫「阿跛」，家大業大，有從卒兩百，橫霸九龍，呼嘯山林。
派系爭奪領地和美婦，動輒格鬥，血流百步。

「調理」使她的生育期延後五年。

猴村的村民愈來愈多，逐漸闖進人的社區。我讀到中文大學正經八百的告示，不禁笑出聲來：

> 校園發現猴子，保安組經常接獲關於校園內有野猴出沒的投訴。
>
> 很多人都不察覺，《野生動物保護條例》明文禁止任何人士騷擾野生動物生活，違者可被罰款一萬元。
>
> 根據漁農及自然護理署的意見，猴子在「心平氣和」及「無食物餵飼」之時，不會騷擾人類；雖然，猴子仍會對人類有敏感反應，如果我們：
>
> (a)趨近牠們、特別是幼猴，表現被誤解為不懷好意；
>
> (b)製造響聲或舉止突兀；或
>
> (c)向其瞪視。
>
> 如果沒有上述的任何舉止，猴子對人無害，也絕對有權在這裡生存。
>
> 以下是漁農及自然護理署的告諭：
>
> (d)祇當猴子在住宅區域受困及／或受傷時；或
>
> (e)事件引致財物或人身安全受損，該署才會介入。
>
> 該署不會單純因為猴子的存在而徇應要求動員驅趕，此乃普通常識；雖則如此，保安組接報謂發現猴子時，仍會派員到場應變。

金黃

現實世界看起來一方面很驚天動地：遠方有戰爭和革命，近處有饑荒和地震，在自己居住的城市，有傳染病的流行和示威遊行，有政治的勾當和宿敵的暗算，另一方面，卻又如此的平凡：人們在馬路上流著汗追趕公車，在辦公室裡不停地打電話，在餐廳裡熱切交際，在擁擠的超市裡尋尋覓覓，在電腦前盯著螢幕到深夜；人，像螞蟻一樣忙碌。

忙碌到一個程度，他完全看不見與他同時生存在同一個城市裡的族群。不，我不是在說那些來自印尼、菲律賓的保母、看護和管家。她們隱身在建築內，只有在星期日突然出現在公共空間裡。

我也不是在說那些尼泊爾人、巴基斯坦人、非洲人，他們隱身在香港看不見的角落裡。我也不是在說從部落來到大城市打工的原住民，隱身在某幾個區的某幾條街，台北人看不見的地方。也不是在說新疆人，隱身在廣州那樣的老城區拐彎抹角的昏暗巷弄裡，伺機而出。

這些都是大城市裡不出聲的少數族群，而我說的這個族群，更是無聲無息，城裡的人們對他們完全地視若無睹，但他們的數目其實非常龐大，而且不藏身室內，他們在戶外，無所不在：馬路邊，公園裡，斜坡上，大海邊，山溝旁，公墓中，校園裡。但他們又不是四處流竄的民工「盲流」，因為他們通常留在定點。

他們是一個城市裡最原始的原住民。

如果說，在政治和社會新聞裡每天都有事件發生，那麼在這個「原住民」族群的世界裡，更是每時每刻事件都在發生中。假使以他們為新聞主體，二十四小時的跑馬燈滾動播報是播報不完的。

如果從三月開始播報，那麼洋紫荊的光榮謝幕可以是第一則新聞。洋紫荊們被選為香港美色的代表，比宮粉羊蹄甲、白花黃花紅花羊蹄甲都來得濃豔嬌嬈。洋紫荊從十一月秋風初起的時候搖曳生花，一直招展到杜鵑三月，才逐漸卸妝離去，但還沒完全撤走，宮粉羊蹄甲們就悄悄上場。一夜之間佔滿枝頭，滿樹粉嫩繽紛，雲煙簇擁，遠看之下，人們會忘情地呼出錯誤的名字：「啊，香港也有櫻花！」

這時候，高挺粗壯的木棉還不動聲色。立在川流不息的車馬旁，無花無葉的蒼老枯枝就那麼凝重地俯視。在路邊等車的人，公車一再滿載，等得不耐煩的時候，四下張望發現了幾個事件：

一株桑樹已經全身換了新葉，柔軟的桑葉舒捲，卻沒有蠶。

桑樹傍著一株鴨腳木，鴨腳形狀輻射張開的葉群已經比去年足足大了一圈。

洋紫荊從十一月秋風初起的時候搖曳生花，一直招展到杜鵑三月，才逐漸卸妝離去。

橡皮樹又厚又油亮的葉子裡吐出了紅色長條的捲心舌頭，支支朝天，極盡色情聳動。

而血桐，大張葉子看起來仍舊是邋遢的、垮垮的，非常沒有氣質，這時拱出了一串一串的碎花，好像在獻寶。

早上出門時，一出門就覺蹊蹺：一股不尋常的氣味，繚繞在早晨的空氣裡。氣味來自哪裡？你開始跟蹤調查。杜鵑，在一陣春雨之後，沒有先行告知就像火藥一樣炸開，一簇一簇緋紅粉白淡紫，但你知道杜鵑沒有氣味。一株南洋杉，陰沉沉地綠著，絕不是它。低頭檢查一下可疑的灌木叢：香港算盤子、青果榕、鹽膚木、假蘋婆；再視察灌木叢下的草本：山芝麻、車前草、咸豐草、珍珠草，都不可能。但是那香氣，因風而來，香得那樣令人心慌意亂，你一定要找到肇事者。

藏在南洋杉的後面，竟是一株柚子樹。不經許可就噴出滿樹白花，對著方圓十里之內的社區，未經鄰里協商，逕自施放香氣。

一星期之後，香氣卻又無端被收回。若有所失，到街上行走，又出事了。一朵碩大的木棉花，直直墜下，打在頭上。抬頭一看，鮮紅的木棉花，一朵一朵像歌劇裡的蝴蝶夫人，盛裝坐在蒼老的枝頭，矜持，豔美，一言不發。

到了五一勞動節，你終於明白了新聞裡老被提到的「黃金週」真正的意思。在這一個禮拜，香港滿山遍野的「台灣相思」，同時噴出千萬球絨毛碎花，一片燦燦金黃。

杜甫

草木的漢文名字，美得神奇。

一個數字，一個單位，一個名詞，組合起來就喚出一個繁星滿天的大千世界：一串紅，二懸鈴木，三年桐，四照花，五針松，六月雪，七里香，八角茴香，九重葛，十大功勞。

不夠嗎？還有：百日紅，千金藤，萬年青。

最先為植物想名字的人，總是在植物身上聯想動物：

馬纓丹，鼠尾草，鵝掌花，牛枇杷，金毛狗，豹皮樟，魚鱗松，豬籠草，雞冠花，鳳凰木，蝴蝶蘭，鷹不撲，猴歡喜。

不夠嗎？還有：五爪金龍，入地金牛，撲地蜈蚣，羊不吃草。

在一個海風懶洋洋的下午，拿出一疊「人造斜坡上或旁邊記錄之植物」表；一個一個野草雜木的名字，隨興攬一攬，就得到行雲流水般的「花間詞」：

白花地膽草，東方檞寄生，刺桐，水茄，七姐果；
密毛小毛蕨，小葉紅葉藤，山橙，崗松，痴頭婆。

或者，讀過這樣的七絕「唐詩」嗎？

蒲桃，綠蘿，山牡丹；麥冬，血桐，細葉榕；
野漆，月橘，飛揚草；黃獨，海芋，鬼燈籠。

有時候，一個詞偶然地映進眼睛，我不得不停下來思索。「黃獨」？明明在哪裡見過，在哪裡？這又是個什麼植物？於是鑽到舊籍裡尋尋覓覓——找到了。

公元七百五十九年的冬天，連年戰亂後又鬧饑荒，已經「飢走荒山道」三年之久的杜甫，近五十歲了，帶了一家老小，跋涉到了甘肅一個叫「同穀」的地方，住了下來。天寒地凍，家人連食物都沒有了。杜甫的詩歌，像一部「饑荒手記」，攝下自己的存活狀態：

有客有客字子美，白頭亂髮垂過耳；歲拾橡栗隨狙公，天寒日暮山谷裡。中原無書歸不得，手腳凍皴皮肉死。嗚呼一歌兮歌已哀，悲風為我從天來。

> 長鑱長鑱白木柄，我生託子以為命。黃獨無苗山雪盛，短衣數挽不掩脛。此時與子空歸來，男呻女吟四壁靜。嗚呼二歌兮歌始放，閭里為我色惆悵。

「天寒日暮」裡，手腳凍僵的杜甫尋找的是「橡栗」，一種不好吃的苦栗子，也是《莊子・齊物論》裡頭描述的「狙公」給猴子選擇要「朝三」顆還是「暮四」顆的栗子。〈盜跖〉裡的橡栗，還是早期人類的主食：「古者禽獸多而人少，於是民皆巢居以避之，晝食橡栗，暮栖木上，故名之曰有巢氏。」

窮苦的農民撿拾橡栗的辛酸形象，常常出現在知識分子的描繪裡。唐代張籍就寫過〈野老歌〉：

> 老翁家貧在山住，耕種山田三四畝。苗疏稅多不得食，輸入官倉化為土。歲暮鋤犁傍空室，呼兒登山收橡食……

知識分子對農民的勞苦和飢餓表達憐憫之情，但是在杜甫的詩裡，荒野中四顧茫然的知識分子卻是農民悲憫的對象。一頭亂髮的杜甫，孤獨地來到山谷裡，扛著一把鋤頭，想要在白雪覆蓋的地面下，挖出「黃獨」來餵飽家人。可是「黃獨」是什麼呢？

《中國有毒植物》是這樣介紹的：

公元七百五十九年冬天，連年戰亂後又鬧饑荒，已經「飢走荒山道」三年之久的杜甫，近五十歲了，帶了一家老小，跋涉到了甘肅一個叫「同穀」的地方，住了下來。天寒地凍，家人連食物都沒有了。杜甫的詩歌，像一部「饑荒手記」。

黃獨，又稱黃藥子，俗稱本首烏，有毒，誤食或食用過量，會引起口、舌、喉等處燒灼痛，流涎、噁心、嘔吐、腹瀉、腹痛、瞳孔縮小，嚴重者出現昏迷、呼吸困難和心臟麻痺而死亡；也有報導可引起中毒性肝炎。小鼠腹腔注射25.5g/kg塊根的水提取液，出現四肢伸展，腹部貼地，六小時內全部死亡。

圖片裡的黃獨，像一個黑黑黃黃的癩痢腫瘤，很難看。杜甫不可能用這樣的東西餵孩子吧？

然後找到《本草》裡的紀錄：「黃獨，肉白皮黃，巴、漢人蒸食之，江東謂之土芋。」杜甫彎腰在雪地裡挖掘尋找的黃獨，顯然是山藥的一種。

斜坡上的雜花野草，誰說不是一草一千秋，一花一世界呢？

舞池

二月二十八日的消息：

半島酒店八十周年了！由下月至本年底，半島酒店將舉辦每月一次的周日茶舞，把大堂化作舞池，搭建舞臺，讓歌手樂隊演繹懷舊金曲。為了更加「連戲」，員工換上功夫鞋，桌上改用半島酒店的舊瓷器，配合舊式香檳杯和加料炮製的特色茶點。

半島酒店八十周年紀念，在大堂舉行周日茶舞，讓客人大跳社交舞。當歌樂齊鳴，眾人起舞的時候，大堂氣氛猶如時光倒流。歷史上，半島酒店曾不定期舉辦茶舞，這回，酒店在布置、飲食及員工服裝都盡量營造懷舊氣氛。門僮服飾暗地回復舊日剪裁，褲子闊了、帽子大了，看似鈍鈍的，其實是刻意；在大堂搭建可供樂手及歌手表演的舞臺；侍應穿上中式功夫鞋，大玩懷舊打扮。下午茶有十多款小吃，由最高貴的頂級烟三文魚多士到最富地道色彩的蛋撻雞尾包都有，還有不少人死心塌地鍾情專一的至愛半島原味鬆餅。

走出舞廳，外面一片華燈初上，夜晚，籠罩了這個繁麗的城市。
麗麗還把舞鞋提在手裡，轉身問我：「好不好玩？」

我說，這好玩啊，去看看。麗麗說：「這有什麼好看，你要聽菲律賓歌手唱〈夜上海〉嗎？雞皮疙瘩都會起來，我帶你去我的茶舞廳。」

我不客氣地看著麗麗——她曾經是個美人，否則不可能在六十年代演過初戀的純情玉女，但是現在五十五歲的她，身材厚重如橋墩，手臂粗得像人家的腿，而且舉手時，兩腋下的肉軟軟地垂下來，還會波動。她的眼睛還算明亮，看你時依稀帶著少女的嬌嗔，只是眼下的眼袋浮腫，兩頰透出一層淡淡的青黑，老人斑已經呼之欲出了。然而麗麗最可愛的地方，是她的不在乎。她大剌剌地吃，熱熱鬧鬧地玩，瘋瘋癲癲地鬧，一切放縱自然，她已經不在乎人們認不認為她美或不美。

「你跳舞？」我驚訝地問，「你跳舞？」

「不要這樣好不好？」她凶了我一眼，把最後一點奶油鬆餅用手指拈起來，仰著頭吃進去。「我有個瑞典老師，很棒的。才二十三歲，任何拉丁招式都會。」

跟想像的茶舞廳差不多，柔暗的燈光，紅玫瑰色的窗簾，穿著黑西裝露出雪白襯衫領的侍者，舞池裡身影迴旋流轉，與節奏澎湃鼓動的音樂密密交織。

舞池裡的女人，幾乎個個體態婀娜，小短裙貼著小蠻腰，一轉身裙襬飛起猶如蓮花開綻。修長的腿裹在薄薄的黑絲襪裡，透出隱隱的肉色。但是當眼睛習慣了黑暗之後，就看見了，這些婀娜的女人也都不年輕，大概都是五十多歲的人了。她們都是跟「老師」在跳，「老師」們，竟然大多是金髮碧眼的年輕男子。他們也有著細柔的腰，修長的腿，踩著音樂的步子，時靠近，時退後，腰和臀，帶著他們的身體走。有時候，那音樂濃郁而纏綿，男人和女人的身體像池塘裡的兩道水紋，一個迴旋，一個蕩漾，每一條縫，都在尋找密合。

麗麗彎腰換上了舞鞋，和約翰滑進了舞池。瑞典來的約翰長得就像鐵達尼號那個奶油小生，只是他的腰，更細。

都是拉丁舞。拉丁民族是性愛的藝術家吧？他們的音樂，每一個音符都充滿了性的渴望，他們的舞，每一個動作都暗藏著性的挑逗。所謂拉丁舞，簡直就是性愛的「舞化」，把意念的曖昧和欲念的呻吟用身體「講」出來，有如貼身褻衣的外穿。

可是舞池裡的女人和她們的老師男人們，只是「盡責」地跳著，每一個舞步都正確，每一個轉身都漂亮，可是舞的核心感覺——曖昧和欲念，濃郁和纏綿，一點都沒有。

再點一杯咖啡；我知道為什麼。這些美麗的女人，回家後都要面對一個支持著她揮霍自由的丈夫。這些美麗的男人，回家後都要面對自己的生計和生涯規畫。這裡的舞，是女人的上課，男人的上班。在這個舞池裡，如果有欲念，那就是必須用最大的小心來控制的東西。

走出舞廳，外面一片華燈初上，夜晚，籠罩了這個繁麗的城市。麗麗還把舞鞋提在手裡，轉身問我：「好不好玩？」

我搖搖頭。人聲嘈雜，我怎麼跟她解釋，這場茶舞讓我感覺到的，竟是「無邊落木蕭蕭下」？

手鐲

這條街把我迷倒了。

一個一個小店，裡頭全部是花邊。世界上，什麼東西用得到花邊呢？小女孩的蓬蓬裙，老婆婆的褲腳，年輕女郎貼身的蕾絲胸罩，新娘的面紗，晚餐的桌巾，精緻的手絹，讓窗子變得美麗的窗簾，作夢的枕頭套和床罩，教堂裡燭台下的繡墊，演出結束時徐徐降下的舞台的幕，掌聲響起前垂在鮮花下的流蘇……各種大小剪裁，各種花式顏色的花邊，掛滿整個小店。店主正忙著剪一塊布，頭也不抬。他的店，好像在出售夢，美得驚心動魄。

然後是鈕釦店。一個一個小店，裡頭全部是鈕釦。從綠豆一樣小的，到嬰兒手掌一樣大的；包了布的，那布的質地和花色千姿百態，不包布的，或凹凸有致，或形色多變。幾百個、幾千個、幾萬個、幾十萬個大大小小、花花綠綠的鈕釦在小店裡展出，每一個鈕釦都在隱約暗示某一種意義的大開大闔，一種迎接和排拒，彷彿一個策展人在做一個極大膽的、極挑釁的宣言。

巷子很深，轉角處，一個老人坐在矮凳上，戴著老花眼鏡，低頭修一隻斷了跟的高跟鞋；地上一個收音機，正放著哀怨纏綿的粵曲。一隻貓，臥著聽。

然後是腰帶店。一個一個小店，裡頭全部是腰帶，皮的，布的，塑料的，金屬的，長的，短的，寬的，窄的，柔軟的，堅硬的，鏤空的，適合埃及豔后的，適合小流氓的，像蟒蛇的身軀，像豹的背脊……

花邊店、鈕釦店、腰帶店、毛線店、領店、袖店，到最後匯集到十三行路，變成一整條街的成衣店。在這裡，領、袖、毛線、花邊、腰帶，變魔術一樣全部組合到位，鈕釦扣上，一件一件衣服亮出來。零售商人來這裡買衣服，一袋一袋塞得鼓脹的衣服裝上車子，無數個輪子磨擦街面，發出轟轟的巨響，混著人聲鼎沸，腳步雜遝。廣州，老城雖然滄桑，仍有那萬商雲集的生動。

就在巷子裡，我看見他。

一圈一圈的人，坐在凳子上，圍著一張一張桌子，低頭工作。一條巷子，變成工廠的手工區。他把一條手鐲放在桌上，那種鍍銀的尼泊爾風格的手鐲，雕著花，花瓣鏤空。桌子中心有一堆金光閃閃的假鑽，一粒大概只有一顆米的一半大。他左手按著手鐲，右手拿著一隻筆，筆尖是黏膠。他用筆尖沾起一粒假鑽，將它填進手鐲鏤空的洞裡。手鐲的每一朵雕花有五個花瓣，他就填進五粒假鑽。洞很小，假鑽也很小，眼睛得看得仔細。凳子沒有靠背，他的看起來很瘦弱的背，就一直向前駝著。

男孩今年十六歲，頭髮捲捲的，眼睛大大的。問他從哪裡來，他羞澀地微笑，「自貢」。和父母來廣州三個月了。

「他們都以為來廣州賺錢容易，」坐在男孩隔壁的女人邊工作邊說：「其實很難啊。才十六歲，應該繼續讀書啊。」

女人責備的語音裡，帶著憐惜。

「做這個，工錢怎麼算？」

兩個人都半晌不說話。過了一會兒，男孩說：「五粒一分錢。」他的頭一直低著，眼睛盯著工，手不停。

「那你一天能掙多少？」

「二、三十塊，如果我連續做十幾個小時。」

五粒一分錢，五十粒一毛錢，五百粒一塊錢，五千粒十塊錢，一萬粒二十塊。一萬五千粒三十塊。

那手鐲，在香港廟街和台北士林夜市的地攤，甚至在法蘭克福的跳蚤市場，都買得到。我從來沒想過，手鐲，是從這樣的巷子裡出來的。

很想摸摸孩子的頭髮，很想。但是我說：「謝謝」，就走了。

巷子很深，轉角處，一個老人坐在矮凳上，戴著老花眼鏡，低頭修一隻斷了跟的高跟鞋；地上一個收音機，正放著哀怨纏綿的粵曲。一隻貓，臥著聽。

江湖台北

正值多事之秋，事態詭譎多變。王位繼承一旦付諸公開競逐，各藩蜂起，合縱連橫，步步為營。人前打躬作揖，做盡謙遜禮讓之態。背後則中傷設陷、落井下石、傷口塗鹽之事，無所不盡其極。城中讀書人，多屬南人，性格率真，情感澎湃，外人對其評論：溫情有餘，理智不足，易激越，易躁動。

此城原來不乏雄才大略之士，再加愛國愛鄉之情深重懇切，對國之將傾焦慮溢於言表，起而行動者亦大有人在。然而近數年來，各巨室朋黨之間交相爭利，坐地分贓，藉公營私之餘，黨同伐異，士林風氣丕變。諾諾者猶諾諾，敢言者已氣蔫。因氣蔫而退隱林間、而浪蕩江湖、而寄情佛典禪寺者，不在少數，深隱於喧鬧市井中沉潛不語者，更為眾多。

某日午後，數批志士來訪。前一批屬少年英傑，曾經入幕府為謀士，滿腔報國熱情，未料主事者得權後面目猙獰，醜行乖張，百般進言不得一聆聽，於是斷然求去。少年英傑眉宇清雋，思路快捷，論政如比劍，彼之所長、己之所短了然於胸，然知其不可而為之，義無反顧，頗為壯烈。後一批屬沙場老將，曾經馳騁千里、鷹飛草長，也曾為朝廷命官，運籌帷幄。出生入死，總為蒼生。退隱多時，如今見國事頹唐，人心蕭索，終不忍坐視，起而奔走呼號。鬢角如霜，而呼號之意如杜鵑昏夜啼血。

眾人正在議事，突然一聲暴雷巨響，撼動屋樑，瞬間濃雲密佈，天地陡暗，急雨狂瀉直下，雷聲暴烈，轟隆震耳。眾人驚愕，白髮英雄笑曰：「平地驚雷，正為我輩所需也。」

暴雨稍歇後，華燈初綻，城內通衢大道車水馬龍，市井深巷亦紅塵斐燦。與友人楊某趨車赴老城陋巷，蓋陋巷中有善烹生猛海鮮者，貌似屠狗之徒而運廚如菊花劍術之大師，所奉蝦肥魚嫩湯鮮，全城第一。

店內人聲喧嘩，觥籌交錯。老城陋巷食客，飲酒一仰而盡，挾肉大塊而啖，舉止跌宕不羈，形色從容不迫。酒過三巡，鄰座食客某，約五十許，突然前來敬酒，立而舉杯曰：「天下大勢，非合即分。合則一統，分則殊途。殊途若得我尊嚴，則當為殊途而自強不息也。知君與我同心同志，願與君飲。」語畢，一仰而盡。

友人楊某善詩文，精佛理，洞天下事，俟其離去，低語曰：「陋巷有高人，老城多志士。」

夜漸深沉，猶無倦意，遂再驅車往城南。城南多學院，多書坊，多清談茶館，多豪情酒肆，屬文人學者穿梭流連、論文比劍之地。漫步入一幽靜小巷，尋常巷陌，一燈如豆。隨楊某排闥直入，竊以環視，乃一古董小鋪，玻璃櫥內，色澤深沉委婉之磁碗陶盆、銀飾寶石紛紛羅列，燈光昏黃，不知歲月。

茶香隱隱，主人端坐一石凳上，正夜讀佛經。見客來，亦不起身，只是奉茶，曰：「上品鐵觀音，且嘗。」沉吟片刻，復低頭自屜中取出一包木屑，置少許於案上香爐中，捻燃。一時藍煙裊繞，盤旋而上，縷縷如絲，香氣遂與光影糅合，沉沉籠罩古董。

主人垂眉焚香，曰：「此乃越南古沉香。」

詩人楊某靜坐明朝椅中，兩眼微闔，彷彿入定，手指仍細數念珠。

清晨一時，有人推門大步而入，忽立斗室之中。一男子，約六十許，著藍彩絲衫，頗有風流倜儻之態，渠兩眼圓睜，一臉愕然，驚問：「何以此時此地與君邂逅？」

主人斟酒，促客人坐。始知來者為劉某，五十年前即作曲、寫詞、演唱，歌喉之深情豪邁風靡全城，婦孺傳唱，老漢高歌，凡有水井處便有劉曲。一代傳奇人物，於此凌晨時刻，飲茶傍沉香，煮酒細論文。言及創作艱辛，藝人孤寂，劉某毫無自憐自艾之態，意興灑脫。數度舉杯，欲言又止，所猶豫牽掛者，竟仍是家國之思：「天下大勢，非分即合。讀君文章已久，觀君作為已深——君何不為此民族大業戮力以赴？」

得贈一清朝錫碟，雙魚細雕，樸拙可愛。凌晨三時，賦歸山居。四周悄然，唯蟲聲唧唧。臥讀杜甫詩以入眠：

……簷影微微落，津流脈脈斜。野船明細火，宿雁聚圓沙。雲掩初弦月，香傳小樹花……

言及創作艱辛，藝人孤寂，劉某毫無自憐自艾之態，意興灑脫。
數度舉杯，欲言又止，所猶豫牽掛者，竟仍是家國之思。

四千三百年

太疼的傷口，你不敢去碰觸；太深的憂傷，你不敢去安慰；太殘酷的殘酷，有時候，你不敢去注視。

廈門海外幾公里處有一個島，叫金門，朱熹曾經在那裡講學。在二十一世紀初，你若上網鍵入「金門」這兩個字，立即浮現的大多是歡樂的訊息：「三日金門遊」、「好金門三九九元，不包含兵險」、「戰地風光餘韻猶存」、「砲彈做成菜刀／非買不可的戰區紀念品」……知名的國際藝術家來到碉堡裡表演，政治人物發表演說要人們揮別過去的「悲情」，擁抱光明的未來……

我卻有點不敢去，儘管金門的窄街深巷、老屋古樹樸拙而幽靜，有幾分武陵人家桃花源的情致。

金門的美，怎麼看都帶著點無言的憂傷。一棟一棟頹倒的洋樓，屋頂垮了一半，殘破的院落裡柚子正滿樹搖香。如果你踩過破瓦進入客廳，就會看見斷壁下壓著水漬了的全家福照片，褪色了，蒼白了，逝去了。一隻野貓悄悄走過牆頭，日影西斜。

你騎一輛機車隨便亂走，總是在樹林邊看見「小心地雷」的鐵牌，上面畫著一個黑骷髏頭。若是走錯了路，闖進了森林，你就會發現小路轉彎處有個矮矮的碑，上面鑲著照片，已看不清面目，但是一行字會告訴你，這幾個二十歲不到的年輕人在那個鋼鐵一樣的歲月裡被炸身亡。是的，就在你此刻站著的地點。他們的名字，沒人記得。他們鑲著照片的碑，連做那「好金門三九九元」的觀光一景都不夠格。

車子騎到海灘，風輕輕地吹，像夢一樣溫柔，但是你看見，那是一片不能走上去的海灘；反搶灘的尖銳木樁仍舊倒插在沙上，像猙獰的鐵絲網一樣罩著美麗的沙灘。於是你想起畫家李錫奇，他的姊姊和奶奶如何被抓狂的士兵所射殺。他的畫磅礴深沉，難道與疼無關？於是你想起民謠歌手「金門王」，十二歲時被路邊突然爆開的炸彈炸瞎了他的眼睛、炸斷了他的腿。他的歌蒼涼無奈，難道與憂傷無關？

一九五八年的秋天，這個小小的美麗的島在四十四天內承受了四十七萬枚炸彈從天而降的轟炸，在四十年的戰地封鎖中又在地下埋藏了不知其數目的地雷。這裡的孩子，沒人敢到沙灘上嬉耍追逐，沒人敢進森林裡採野花野果，沒人敢跳進海裡玩水游泳。這裡的大人，從沒見過家鄉的地圖，從不敢問山頭的那一邊有多遠，從不敢想像外面的世界有多大。這裡的人，好多在上學的路上失去了一條手臂、一條腿。這裡的人，好多過了海去買瓶醬油就隔了五十年才能回來，回來時，辮子姑娘已是白髮乾枯的老婦；找到老家，看見老家的頂都垮了，牆半倒，雖然柚子還開著香花。撿起一張殘破的黑白照，她老淚縱橫，什麼都不認得了。

車子騎到海灘，風輕輕地吹，像夢一樣溫柔，但是你看見，那是一片不能走上去的海灘。

在阿富汗，在巴勒斯坦、安哥拉、蘇丹、中亞、緬甸……在這些憂傷的大地裡，還埋著成千上萬的地雷。中國、美國、俄羅斯、印度……還生產著地雷，兩億多枚地雷等著客戶下訂單。埋下一個地雷，只要三至二十五美元，速度極快；要掃除一枚地雷，得花三百至一千美元，但是——地雷怎麼掃除？一個掃雷員，冒著被炸得粉身碎骨的危險，趴在地上，手裡拿著一根測雷的金屬棒，往前面的地面伸去。一整天下來，他可以清二十到五十平方公尺的範圍。意思是說，要掃除阿富汗五分之一國土的地雷，需要的時間是四千三百年。

金門有一株木棉樹，濃密巨大，使你深信它和《山海經》一樣老。花開時，火燒滿天霞海，使你想頂禮膜拜。

有時候，時代太殘酷了，你閉上眼，不忍注視。

阿拉伯芥

金門人淡淡地告訴你他是怎麼長大的。島上的孩子都沒見過球，球是管制品，因為幾個籃球綁在一起就可以漂浮投共。晚上每個房子都成了轟炸目標，所以每一扇窗戶就得用厚毯子遮起來，在裡頭悄悄說話，偷偷掌燈，四十年如一日。男人會告訴你，吃了四十年的糙米之後，才知道糙米裡加了黃麴素，壓抑人的性衝動，避免軍人出事。女人會告訴你，那一年孩子突然得重病，要用軍機送到台灣治療，不是軍事任務還差點上不了飛機。

黃牛在麥田裡吃草，夜鷺穿過木麻黃林，金門人在砲火隆隆的天空下，在佈滿地雷的土地上，謹慎地戀愛、結婚、養育兒女。現在，觀光業者招徠遊客：金門好玩啊，來看那「生活不怕苦，工作不怕難，戰鬥不怕死」的金門人。同時，台灣島上新一代的勇敢的領袖們開始大聲說話，你打我台北，我就打你上海；你丟一百個炸彈過來，我就丟一百個炸彈過去。語音未落，香港的報紙爭相報導：台灣人資金大量移向香港，半山的房子很多都讓台灣人買下了。

哪個正常的人願意「生活不怕苦，工作不怕難，戰鬥不怕死」？哪個正常的人願意放棄自己追求幸福的權利？哪個正常的孩子不打球？

可是世上六十億人裡，沒有追求幸福的權利的，可能居大多數。如果你是個在板門店附近村子裡上學的小孩，你會聽老師說：來，做一個算數題。三十八度線的中立區那兒草木不生，每一平方公尺——大概一間小廁所的範圍，就埋了二・五顆地雷。中立區長兩百四十八公里，寬四公里，算算看總共有多少顆地雷？

如果你是個在中亞山區生長的孩子，你也無球可打。在塔吉克斯坦、土庫曼斯坦、哈薩克、烏茲別克幾個國家交界的兩千五百平方公里荒涼而蒼老的大地裡，埋藏著三百萬枚待爆的地雷。勇敢的領袖們決定不打仗了，於是地雷就去炸死那赤腳荷鋤的農民，炸斷放學回家的孩子的腿，炸瞎那背著嬰兒到田裡送飯的母親。

為什麼不掃雷呢？對不起，沒錢。打仗的時候，領袖們以國家安全和民族主權的崇高理由把軍購費膨脹到極致，仗打完了，屍體還可以收拾乾淨，但是中了毒的大地無法復原；掃雷需要千萬上億的美金，而嬰兒，連奶粉都不夠啊。

全球有兩萬六千人因為誤觸地雷而死亡，大地裡還有一億一千萬枚地雷等著被「誤觸」。丹麥人於是「發明」了一種草，把常見的小草「阿拉伯芥」改動一下基因，這草就變成一種測雷器：阿拉伯芥的根，感覺到土裡頭地雷腐蝕後外洩出的二氧化氮，整株植物會從原來的綠色變成鐵紅色。阿拉伯芥的花粉經過處理之後，花粉也不會擴散繁殖。丹麥人打算在斯里蘭卡、波士尼亞這些飽受摧殘的土地上實驗種植。

種下兩千五百平方公里面積的阿拉伯芥？然後看著美麗青翠的小草一塊一塊從綠轉紅？阿拉伯芥的命運，不也正是金門人、板門店人、阿富汗人的共同命運？我覺得發冷——人對自然、對生命過度地暴虐、褻瀆之後，他究竟還有什麼依靠呢？如果勇敢領袖們的心裡深埋著仇恨和野心的地雷，敏感的阿拉伯芥又救得了幾個我們疼愛的孩子呢？

普通人

沒有想到我會親眼目睹這一幕。

台灣南部鄉下小鎮，半夜十二點，十字路口，一家二十四小時豆漿店。這大概是台灣對中華文化最美好的貢獻，三更半夜，你可以隨時從幽黑寒冷的巷道走進這溫暖明亮的地方，看著平底大鍋上鍋貼在滋滋煎燒，新鮮的豆漿氣息在空氣裡瀰漫，脆脆的油條、鬆鬆的燒餅、香得讓人受不了的蔥油餅，全在眼前。忙碌工作的幾個年輕婦人用輕快的語音問客人要吃什麼。整個小鎮都沉在黑暗中，這簡陋的小廳就像個光亮的櫥窗，正在展出生活的溫煦和甜美。

一個穿著拖鞋的客人大踏步進來，顯然認出了正在低頭喝豆漿的朋友，用力拍了他肩膀，說：「怎樣？我們來賭吧。賭你們贏我們六十萬票？」

喝豆漿的那人抬起頭，半認真半玩笑地說：「唉呀，八年都給你們玩光了，還要怎麼賭？」

穿拖鞋的愣了一秒鐘，然後陡然變臉，衝口而出：「你娘！外省的，你們滾回去！」

喝豆漿的跳了起來，看見那穿拖鞋的已經抓起凳子，高高舉在頭上，馬上要砸下來的千鈞態勢。他也紅了臉粗了脖子，怒聲回說：「誰滾回去？跟你一樣繳稅，你叫誰滾回去？」

穿拖鞋的高舉凳子就要衝過來，旁觀者死命拉住，他揮舞著凳子大吼：「不是台灣人，給我回去！」

那「外省的」——這回我看見了，他也穿著拖鞋，邊往外走邊用當地的閩南語回頭喊：「好啊，台灣人萬歲！台灣人萬歲！」

我一直緊握母親的手，附在她耳邊說：「他們是好朋友，他們只是在鬧著玩的。」母親已經無法明白那兩人在說什麼，相信了我的解說，只是皺著眉頭說：「玩得這麼大聲，小孩子一樣，不像話。」我把油條分成小塊，放到熱豆漿裡浸泡，泡軟了，再讓她慢慢嚼。

回到家，反正睡不著，打開電腦看網上新聞。德國的《明鏡》首頁報導是這一則：

> 從醫生到歌劇演員，從老師到逃學的學生，都曾經是二戰時屠殺歐洲猶太人的幫手。約有二十萬的普通人參與其中。一個進行多年的研究快要出爐，明確指出，現代社會的國民可以在一個邪惡的政權領導下做出可怕的事。

馬特納，一個維也納來的小警察，一九四一年在白俄羅斯執行勤務，就參與了

豆漿店的人說，那兩個差點打架的人，一個是在市場賣鮮魚的，一個是中學老師，本來是不錯的朋友。可能喝了點酒，也許過兩天就和好了也說不定。

槍斃二二七二名猶太人的任務。他當時給他的妻子寫信：「執行第一車的人時，我的手還發抖。到第十車，我就瞄得很準了，很鎮定，把槍對準很多很多的女人和小孩，還有很多嬰兒。我自己有兩個小寶寶在家，可是我想，我的小寶寶要是掉到眼前這批人手裡，可能會更慘。」

二戰後，主流意見認為，這些喪盡天良的事，都是一些特別病態的人，在少數大戰犯的領導之下做出的。這樣來理解，讓人比較寬心，因為，一般善良普通人是不在其中的。

從九〇年代就開始進行的這個大型研究卻有重大發現：具體證據顯示，起碼有二十萬德國和奧地利的「普通人」是罪行的執行者，不同宗教、不同年齡、不同教育水準的人，都有。

天色有一點點灰亮。大武山美麗的稜線若有若無，混在雲裡淡淡地浮現，滴溜溜的鳥聲，流轉進窗來。

豆漿店的人說，那兩個差點打架的人，一個是在市場賣鮮魚的，一個是中學老師，本來是不錯的朋友。可能喝了點酒，也許過兩天就和好了也說不定。

可是我感覺絲絲的不安。畢竟文明和野蠻的中隔線，薄弱，混沌，而且，一扯就會斷。

首爾

我看見一個僧人，從幽靜的巷子裡走出來。灰色的僧袍被風吹起一角。僧人臉上滿是皺紋，眼神靜定，步履穩重。

我看見一家紙店，宣紙一捆一捆的，大大小小的毛筆懸掛，黑色的筆桿，白色的毛，像含蓄未開的白荷花，一個美的展覽。攤開在人行道上的，是厚厚一疊手工製紙，桌面一樣大。紙面凹凸，紋路粗獷，紋與紋間夾著真實的沉綠色的竹葉和絳紅色的九重葛花瓣。十月的陽光照在紙上，我就站在那人行道上，看呆了。要怎樣的崇拜美，才會做出這樣的紙來啊？

晚上，車子沿著皇宮的高牆走，轉了一個彎，進入一條小路，兩旁的樹幹筆直，全是銀杏。

我看見一節台階，歪歪斜斜、凹凹凸凸的，粗石鋪成。台階上頭，是一棟歪歪斜斜的木頭寮屋，看起來像任何市政府都會用黃條圍一圈封鎖起來的「危樓」。推木門，地板有點震動，木門咿呀作響。裡頭樂聲流蕩，人頭滿滿。鼓、小提琴、鋼琴、吉他，一個清麗的女歌手正在唱英文歌，歌聲低迷幽怨。長髮紮成馬尾的酒保兩手抓著好幾個啤酒瓶，在擁擠的人群裡穿梭。沙發都是破的，用膠帶一層一層包紮纏繞。桌子其實是鐵灰色的金屬垃圾桶，桶口壓一張玻璃。天花板是裸露的木結構，貼了亂七八糟的白色保麗龍，像是為了漏雨時接水。五十年代的一輛破腳踏車自天花板垂下。一幅難看的字，掛在圍牆上，鏡框框著。寫的是「貯蓄國力」。下款是「朴正熙」。旁邊一張泛黃的髒髒的人像照片。是朴正熙的照片。

朋友和我點的都是啤酒，從瓶子裡仰頭飲。

一九四〇年在平壤的鄉下出生，是牧師的兒子。五歲時，日本戰敗撤離，共產黨來了，一家人輾轉逃到瀋陽，一住就是三年。

「對瀋陽印象最深的是什麼？」我問他。

「只有八歲，」他說：「很多事情不懂，但是無法忘懷，一個是，日本人走了，蘇聯人來了，蘇聯兵家家戶戶找女人。我媽和鄰居的女人一聽到風吹草動就從後門竄逃，抱著我們躲到高粱田裡去，一整夜都躲在田裡，很冷。另一個難忘的，當然是砲火。國共內戰，每天都看見砲火炸爛了房子，很多死人。城外砲火打進來，城內還在肅清。當時不懂，但是我在火車站前面看見打人，活活把人打死。國民黨的挨家挨戶搜捕共產黨人，拖出來就當場打死。太恐怖了。」

這個韓國孩子看見的是一九四八年的瀋陽。孩子不知道在中共的史書裡，他所經歷的這段歲月是這麼記下的：「一九四八年九月十二日至一九四八年十一月二日，中國人

我們冒死逃出瀋陽，流離顛沛，最後終於回到了韓國，在漢城住下來，我快十歲了。
然後也是在街上，看見打死人。（作者攝於朱銘美術館，照片中為朱銘「人間系列—三軍」作品。）

民解放軍東北野戰軍在遼寧西部和瀋陽、長春地區對國民黨軍進行的一次重大戰役，大獲全勝，殲敵四十七萬多人，這就是解放戰爭中的第一大戰役——遼瀋戰役十月二十八日，東北野戰軍根據中共中央軍委的指示，為防止瀋陽地區國民黨軍從海上撤走，在部署遼西會戰的同時，就作了追殲瀋陽、營口國民黨軍的部署。東北野戰軍相繼攻克了撫順、本溪、鞍山等城鎮。十一月一日，攻城部隊向瀋陽市區發起總攻，二日佔領瀋陽全城，殲國民黨軍十三萬人。遼瀋戰役全部結束，東北解放軍以傷亡六・九萬餘人的代價，殲滅東北國民黨軍四十七萬餘人。」

十一月二日瀋陽「解放」或說「淪陷」了，中共中央還在次日發了賀電：「依靠我東北前後方全體軍民團結一致，英勇奮鬥……在三年的奮戰中，殲滅敵人一百餘萬，終於解放了東北九省的全部土地和三千七百萬同胞。」

賀電中有勝利的狂喜，現在讀來特別恐怖：中國人相互拿起屠刀砍殺，殺死幾百萬同胞鄉親，然後大肆慶賀。

六十七歲的韓國孩子靜靜地說：「我們冒死逃出瀋陽，流離顛沛，最後終於回到了韓國，在漢城住下來，我快十歲了。然後也是在街上，看見打死人。李承晚的警察挨家挨戶搜索共產黨人，拖出來在街上就活活打死。」

朴正熙獨裁專政時，韓國孩子流亡歐洲，成為反對分子，被韓國政府列入黑名單，剝奪返鄉權。一直到獨裁者被刺殺，民主建立，他才回到韓國。那時，他已流亡十三年。

國家

我驚訝萬分地發現，台灣人有一個日常詞彙在香港是從缺的。

在台北，人們來來去去，宴會上碰面時的相互問候往往是：「回國了嗎？哪天再出國？」

七百萬香港人住在一個大機場旁邊，人們每天在那裡進進出出，機場簡直就是香港人家門口的巴士總站——到任何地方都要從這裡進出。但是，他們離開香港不說「出國」，回到香港不說「回國」。顯然在香港人的意識裡，香港不是「國」，而且，不屬於什麼「國」。那麼，他們怎麼說呢？

我豎起耳朵仔細地偷聽，發現，他們是這麼表達的：

「我明天要去上海。」

那可不是「出國」。

「曾蔭權昨日返港。」

那可不是「返國」。

報紙會說：「金牌選手踏進機場，受到港人熱烈歡迎。」但絕不會說：「金牌選手返抵國門，受到國人熱烈歡迎。」沒有「國門」，只有「機場」；沒有「國人」，只有「港人」。

香港人在談香港的時候，絕不會用到「國」這個詞。當他們真的用到「國」這個詞的時候，通常指的不是香港，而是另一個地方——那個很大、很大的羅湖以北的中國，或者是維多利亞港邊矗立的那個「解放軍大樓」。香港有立法會，但不是「國會」。有官立小學，但不是「國民」小學。有香港大學，但不是「國立香港大學」。有人會高喊愛港，但請不要把愛港和愛國混為一談，一轉成「愛國」，就變成完全的另外一套含意。在香港，「國」這個詞，是保留給中國獨家專用的。

台灣人可大大不同。人們總是在「出國」、「回國」，總統出國之後要返抵「國門」，他要對「國人」有所交代。知識分子關心的是「國事家事天下事」，被政府尊為專家請回來的海外學人，出席的是「國是」會議。價值觀上起辯論時，「國情不同」常被提及。軍事基地中最大的標語還是「效忠國家」。學生在學校裡說的是「國語」，學的是「國文」。撕頭髮、丟茶杯、打成一團的是「國會」，「國會」裡頭大聲咆哮爭吵的是「國歌」、「國旗」、「國徽」要不要換的問題。都市重新組織時，做的是「國土規畫」，經濟問題的討論，鎖定在「國力」的提升上。

因為對「國家」究竟是哪個發生了錯亂——中華民國到底還要不要，台灣民主國究竟是玩真還是假，都弄不清楚了，所以才漸漸捨棄行之多年的「愛國」之說，而改採

跟現在的台灣也許沒關係，人們帶著一九四九年以前的「國家」意識，繼續以一面旗表達心裡的感覺，
也許只是一種情緒，一種記憶，一種和過去的人與事的鄉情連結，是一種私密的個人歷史情感，
和政治理論甚至扯不上關係。

「愛台灣」的口號來動員群眾。除此之外，「國家」還是在人們的心念裡的。大學校長們開會的時候會說：「我們要為國家培育人才。」知識分子痛心疾首的時候，會說：「今天的台灣，國不國，君不君，沉淪矣！」紅衫軍在廣場上守夜時，從婆婆媽媽們嘴裡最常聽見的兩句話，一句是：「有這樣的總統，叫我怎麼教育孩子啊！」另一句就是：「國家怎麼變成這個樣子！」

在維多利亞公園裡，那第二句話翻成廣東話就會變成：「香港怎麼變成這個樣子！」「國家」這個詞，在香港人的意識裡，是個比較遙遠的、沒有輪廓的東西。

但是，香港的歷史多麼複雜。到八〇年代，每年十月十日還有很多門戶裡會竄出一面中華民國的「國旗」，一年一度，在風裡飄舞。跟現在的台灣也許沒關係，人們帶著一九四九年以前的「國家」意識，繼續以一面旗表達心裡的感覺，那種感覺，可能很混沌，說不清道理，也許只是一種情緒，一種記憶，一種和過去的人與事的鄉情連結，是一種私密的個人歷史情感，和政治理論與歷史真相甚至扯不上關係。

我碰見這麼一個禿了頭的出租車司機，知道我是台灣人，一面開車一面就說：「我是調景嶺長大的。從前讀書的獎學金都是中華民國救災總會發的，畢業後還被送到台灣去做三個月的技職培訓。很感激。到現在都還覺得，一直沒有機會回報，掛在心裡。到今天，聽到國歌，我還覺得很激動。」

從後視鏡裡看他，看不清他的臉，但是他低沉的聲音，充滿了滄桑和情感。

Sophistication

大陸人和台灣人很容易看見香港之所缺，譬如香港的書店很少，二樓書店很小，在品質上完全不能和台北的誠品或金石堂相提並論，在量體上不能和上海或深圳書城來比。譬如香港缺少咖啡館或茶館文化，既沒有上海咖啡館那種小資風情，也沒有北京酒吧的前衛調調，更沒有台北夜店的知識分子「左岸」氣氛。譬如說，香港的政府高官很擅於談論一流的硬體規畫，但是很少談文化的深層意義和願景。香港的知識分子很孤立，作家很寂寞，讀者很疏離，社會很現實……有些人嚴苛地說，香港其實既不是國家也不是城市，在本質上是一個營運中的「公司」，缺少「營利」以外的種種社會元素。

可是，大陸人和台灣人也看見很多東西，香港獨有，而大陸和台灣卻望塵莫及，學都學不來。譬如廉政公署之肅貪有效，大陸受一黨專政所限，連想都不必想，即使是民主的台灣，以過去這幾年的管治亂象來看，即使把制度抄襲過去，真運作起來恐怕也很難讓人有信心。譬如香港馬會之兼公益和營利，來香港取經者絡繹不絕，但是在建立起一個完善的制度之外，還需要公私分明、不偏不倚的工作態度，還需要一絲不苟的執行

EPSON
LG
Haier
TCL

香港所獨有，而大陸人和台灣人不太看得見的，還有一個無形的東西，叫做都會品味。
在香港人的都會品味裡，sophistication是個核心的元素。

能力——大陸和台灣要達到香港的高度，恐怕也需要時間。譬如香港機場的管理和經營，巨大的人流物流繁雜穿梭交匯，人在其中卻覺得寬鬆舒適，秩序井然，管治嫻熟化於無形。相較之下，任何一個華人世界的機場都顯得笨拙落後。

香港所獨有，而大陸人和台灣人不太看得見的，還有一個無形的東西，叫做都會品味。它不是藏書樓裡鑑賞古籍善本的斟酌，那份斟酌北京尚未斷絕；它不是復古巴洛克大樓裡裝上最炫魅的水晶燈的張揚，那份張揚上海很濃；它也不是禪寺或隱士山居中傍著茶香竹影傾聽「高山流水」的沉靜，那份沉靜台北很足。

香港人的都會品味，充分表現在公共空間裡。商廈大樓的中庭，常有促銷的酒會或展覽。你提早一個小時去看它的準備：鋪在長桌上的桌巾，絕對是雪白的，而且熨得平整漂亮。穿著黑色禮服的侍者，正在擺置酒杯，白酒、紅酒、香檳和果汁的杯子，他絕對不會搞錯。麥克風的電線，一定有人會把它仔細地黏貼在地，蓋上一條美麗的地毯。賓客進出的動線，井井有條；燈光和音響，細細調配。

同樣的商廈酒會或展覽，放在大陸任何一個城市，多半會凌亂無章，嘈雜不堪。放在台灣，則可能要費很大的勁，才可能做到杯子不會擺錯，桌巾沒有油漬，麥克風不會突然無聲。

如果是放在五星級酒店的募款晚會，也只有香港人知道「華洋雜處」的藝術，把什麼人跟什麼人排在一桌才有社交效果，放什麼樣的影片和音樂才能令人感動，拍賣什麼東西、如何「靜默拍賣」才能募集到錢，全程流利的英語，包括用英語講笑話，使來自各國、語言各異的賓客都覺得揮灑自如。

同樣的晚會，如何放在大陸或台灣呢？

如果是藝術演出前的酒會，香港人不必說就知道，舞台是藝術家的專利區，政府官員要在眾人前作長官致詞，紅頂商賈要在鎂光燈前接受表揚頒獎，都在舞台外面的大廳舉行，避免上台，奪了藝術家的光彩。致詞，多半很短；頒獎，多半很快。

在香港人的都會品味裡，sophistication是個核心的元素。

因此，回歸十週年時，解放軍特別來香港表演高亢激情的愛國歌舞——我猜想，香港人帶著某種微笑在看。

我路過一場草地上的婚禮。白色的帳篷一簇一簇搭在綠色的草坪上，海風習習，明月當空，鳳凰木的細葉在夜空裡飄散，像落花微微。幾百個賓客坐在月光裡，樂隊正吹著歡愉的小喇叭。一盞小燈下，豎著一張照片——新娘和新郎相擁而立的小照片。好靜。

雪白的布

我們坐在半島酒店的咖啡廳裡喝咖啡。服務生倒酒的時候，一隻手注酒，另一隻手彎在腰後，身軀筆直，非常專業。朋友看著杯裡的紅酒徐徐上升，感嘆地說：「我記得，小時候，甚至一直到八〇年代，我們走過這個酒店，都還有自卑的感覺，不敢進來。」

於是就談起貧窮的記憶：陋巷裡的家，家裡擁擠不堪的客廳，塞滿了塑膠花和聖誕燈的組合零件。每一個擁擠的客廳裡有一個疲憊的母親，不停地在組合要銷往西方的廉價裝飾品。每一個疲憊的母親腳邊有三四個孩子，需要吃、需要穿、需要上學。每一個孩子都記得，吃過教堂發放的奶粉，穿過麵粉布袋裁成的汗衫，看過母親四處借貸繳學費。香港人的貧窮記憶，和台灣人沒有不同。

每到星期天，香港的酒樓家家客滿，但是客滿的景象不同尋常，到處是三代同桌：中年人扶著父母、攜著兒女而來。星期天的酒樓，是家庭的沙龍。桌上點心竹籠一疊一疊加高，參差不齊，從縫裡看得見老人家的白髮。我總覺得，或許是艱辛貧困、相互扶持的記憶，使得這一代的中年人特別疼惜他們的長者。但是現在年輕的一代，那昂首闊步走過半島酒店、走進豪華商廈、從頭到腳都穿戴著名牌的一代——當他們是中年人

每一天，孟買的火車要承載六百萬人次的乘客來來去去。貧民的木棚架設在鐵軌旁，
年幼的孩子從床板上爬下來，幾乎就滾到了鐵軌邊。每年有一千個貧民窟的人被火車撞死。

時，會以什麼樣的心情來看待他們的父母呢？是一種被物質撐得過飽後的漠然？還是把一切都看得理所當然的無聊？

印度裔的作家梅塔 (Suketu Mehta) 在新書《孟買得失》裡描寫了這一代的孟買人：每一天，孟買的火車要承載六百萬人次的乘客來來去去。貧民的木棚架設在鐵軌旁，年幼的孩子從床板上爬下來，幾乎就滾到了鐵軌邊。每年有一千個貧民窟的人被火車撞死。那趕火車上班上工的人，擠不進車廂，只好將身體懸在車廂外，兩隻手死命地抓著任何一個可以抓住的東西。電線桿離鐵軌太近，火車奔跑時，懸在車外的人往往身首異處。有一個做手工布風箏的人，不忍見死者曝屍野外，給每一個死者捐出兩碼白布覆蓋屍體。他每個星期四到火車站巡迴，每一年，要捐出六百五十碼白布。年輕的時候，他曾經親眼看見一個趕車上工的人被火車拋下；旁邊的人隨便扯下一塊髒兮兮的廣告布，把屍體蓋住。他覺得太過不堪，「不管信什麼教，」他說：「一張乾淨雪白的布，是不應該少的。」

每一年，四千個孟買人死在鐵軌上。

很多人的記憶中，是有鐵軌的：德國人記得在民生凋敝的二戰後，孩子們如何跟在運煤車的後頭偷偷撿拾從晃動的火車上掉落下來的煤塊。台灣人記得如何跟著火車奔跑，把火車上滿載的甘蔗抽出來偷吃。貧窮的記憶，在事過境遷之後，像黑白片一樣，可能產生一種煙塵朦朧的美感，轉化為辛酸而甜美的回憶。

但是孟買人如何回憶鐵軌呢？你能想像比「被物質撐得過飽後的漠然」更貧乏的存在狀態嗎？

他把好幾幅畫在地上攤開。小店原本就擠，三張畫鋪在地上，我們就不能轉身，一轉身就要踩到畫布上了。「這一幅，」我指著梵谷的《星夜》。他說：「一百塊。」我說：「六十塊。」他做出誇張的痛苦的表情，指著地上的《星夜》說：「你看看你看看，畫得多麼好，畫得多麼像，就是顏料錢也不只六十塊呀小姐。」我說：「那好，我們再逛逛。」他一把拉住，說：「算了算了，就六十塊吧。」

油彩很濃，他用一張薄薄的塑膠膜覆蓋在畫面上，再把畫小心地捲起來。

我走出小店，踏入畫家村的街，一整條街都賣畫，顏色繽紛，琳瑯滿目，氣氛像成衣市集，只是掛得滿坑滿谷的不是衣服，是畫。據說是一個奇人在這深圳的邊緣荒村專門模仿梵谷的畫，畫得多，畫得像，以至於國際媒體都紛紛來採訪這中國深圳的「梵谷」。沒幾年，荒村已經變成畫家一條街。梵谷的畫，人人能畫，從這裡批發到香港的小攤上，和開衩的旗袍、繡著五彩金龍的襯衫、緞料的面紙盒等等「中國風味」禮品混在一起，賣給觀光客。

回到家，我把《星夜》攤開，仔細端詳。從色彩和結構來說，仿得還真像，該有的筆觸，顯然一筆都不少。如果——我將窗戶打開，讓海風吹進來，因為畫的油彩氣味還嗆鼻——如果，用科學的方法鑑定，仿畫的人功夫確實好到完全逼真，好到任何人都看不出破綻來，我是否能被這幅《星夜》感動呢？

愛上《星夜》，是有過程的。住在大海旁每天看日落月出，就發現有一顆星，總是在黃昏時就早早出場，那樣大，那樣亮，那樣低，使我疑惑它是不是漁船頂上的一枚警示燈？是不是一架飛機停在空中探測氣候的動向？是不是隱藏在山頭裡只有雲破時才看得見的一盞隱士讀書的火？那顆星，低到你覺得海面上的船桅一不小心就會勾到它。

太陽沉下去，月亮起來時，星還在那裡，依傍着月亮。不管那月亮如何地豔色濃稠，這顆星還是堂堂正正地亮著。

有一天黃昏，一個天文學家在我的陽台上，我們一同看那輪緋霞絢爛的夕陽在星的陪同下，從雲到山到海，冉冉層層拾級而下。他說：「海面上看金星好亮。」

我吃一驚，啊，原來它就是金星，維納斯。無知的人，朝朝暮暮看著它，卻不知它的身分。今天知道了，跟它的關係可就不一樣了。

我趕忙上網去看梵谷的《星夜》，因為我記得，他畫的是金星。

梵谷在法國南部的精神療養院裡，寫信給他的兄弟：「今天早上，天還沒亮，我在窗口看了很久，窗外什麼都沒有，唯有一顆金星，好大的一顆星。」「夜，」他說：「比白天還要活，還要熱烈。」

《星夜》，在我看來，其實是一幅地圖——梵谷靈魂出走的地圖，
畫出了他神馳的旅行路線：從教堂的尖塔到天空裡一顆很大、很亮、很低的星，
這顆星，又活又熱烈，而且很低，
低到你覺得教堂的尖塔一不小心就會勾到它。

如果我失眠，披衣起身，走進沁涼的夜裡；如果我湊巧走過一個大門深鎖的精神病院，那麼我一仰臉就會看見在黑沉沉的大樓上有一扇開著的窗，窗口坐著一個孤獨的人，正在注視大地的荒蕪和人間的荒涼，只有夜空裡的星，有火。他說：「看星，總使我神馳……我問自己：我們攤開地圖，指著其上一個小黑點，然後就可以搭乘火車到那個點去，為什麼我們到不了那顆星呢？我們難道不可以搭乘『死亡』到星星那一站？」

三十七歲的梵谷真的買了一張死亡的單程票，說走就走了，行囊裡只有煎熬的痛苦和無可釋放的熱情。《星夜》，在我看來，其實是一幅地圖——梵谷靈魂出走的地圖，畫出了他神馳的旅行路線：從教堂的尖塔到天空裡一顆很大、很亮、很低的星，這顆星，又活又熱烈，而且很低，低到你覺得教堂的尖塔一不小心就會勾到它。

我會被深圳畫家村的《星夜》感動嗎？

換一個問法：如果科學家能把一滴眼淚裡所有的成分都複製了，包括水和鹽和氣味、溫度——他所複製的，請問，能不能被稱做一滴「眼淚」呢？

卡夫卡

躺在臥房地毯上和鹿鹿通電話，談到一些弔詭的現象：為什麼在不開放的大陸，年輕人反而比台灣的年輕人有國際視野？為什麼在多元的台灣，報紙和雜誌的品質反而比大陸差？蘇花公路建或不建，核心的觀念誤區究竟在哪裡？「有些問題不能不面——」

一句話講到一半，我眼睜睜看見一條長蟲，離我的光腳十五公分，正搖搖擺擺過路，就在我的地毯上。它大概有我整個腳板那麼長，深褐色，圓滾滾的，幾百對腳一起努力，像一排軍隊白日行軍，像一列火車莊嚴進站。

我看呆了，縮起腳，心怦怦跳，全身發麻，一直麻到舌尖，語無倫次地掛掉電話，腦子裡一陣閃電，天哪，怎麼辦怎麼辦——怎麼辦？

我不懼蜘蛛蝗蟲，甚至很多人要尖叫的蟑螂和老鼠，我都可以拿出寫文章的凜然正氣，從容對付。但是蚯蚓毛蟲蛇，蜈蚣水蛭蛆……任何長長軟軟的東西，都使我心臟打結，腦子發暈，噁心感和恐懼感從腳板一路麻到頭蓋骨。小時候，生物課本裡凡有蛇的圖片都被我遮起來。作了母親以後，每到一個城市一定帶孩子去動物園，但是到了爬蟲類那一區，我會抵死不從，誰也不能讓我進去。我相信有人在我體內植入了一種和亞當夏娃一樣原始的晶片，讓我對那長長軟軟之徒有非理性的恐懼。

我衝到廚房，打翻了電話，撞倒了除濕機，差點摔跤，拿到了好大一罐殺蟲噴劑，撲回臥房，發現那傢伙還在努力走——它腿雖多但是太慢，我安心了不少，因為這代表它不會馬上爬上我的床，消失在被子和枕頭裡——天哪，這是多麼恐怖的想像。噴筒對準它時，我的理性開始發作：此物何辜？誤闖臥房，就該死嗎？而且，此物的一生有多長？會不會還是個「少年」？

我痲痲地，手裡的噴劑對準它，強迫自己飛快思考，這是危機處理、瞬間決策：我敢不敢拿紙，包住它的身軀，然後把它丟到窗外泥土裡？

想到它的身軀，我打了一個顫——受不了那強烈的噁心。

那……能不能拿塊毛巾，把它裹住，丟掉？毛巾比紙要厚啊。

那多足的傢伙又往前走了幾分。

我奔回廚房，打開抽屜，拿出一雙筷子，竄回臥房。我相信我一定臉色發白、嘴唇發紫，腿有點顫抖，當我伸出一雙筷子，夾住它的身軀中段，把它凌空拎起——我幾乎感覺窒息，心想，哎，它可不是卡夫卡吧？

它從二樓陽台，循著一條拋物線，被丟下去。我捂住胸口，顛顛倒倒奔回廚房，把筷子甩進垃圾桶。回到臥房，不敢進去。如果有一條蟲，是否還有另一條？是否藏在枕頭裡？

這可怖的東西還真的有它自己的風情和生命呢，無數隻的腳，無窮盡的奮鬥，
一生的努力，只能走一點點的路。我有點心軟了。

和鹿鹿重新通話，她笑了，調侃地說：「這就是單身女郎的可憐之處了。」

我不知道，但是我也看過因為老鼠跑過鞋子而尖叫連連的男人啊。

把床褥翻遍，然後拿了噴劑把陽台接縫處全盤噴灑一遍，我才敢再進臥房。

早上，就做了點功課。昨天那傢伙，拉丁文叫「千足蟲」(millipede)，中文叫「馬陸」。它不是蜈蚣，蜈蚣的拉丁文叫「百足蟲」(centipede)，兩者都不是「昆蟲」，而是「節肢動物」。馬陸慢，蜈蚣快。馬陸的身體每節有兩雙腳。雖然沒有千足，但是真的有一種馬陸有七百五十隻腳。平常的馬陸有八十到四百隻腳。

我讀得仔細：「馬陸腹部有九至一百節或更多。因其肢體較短，僅能以足作推進行走而無法快速運動。每一腹節上除具兩對步足外亦有兩對氣孔、兩個神經節及兩對心孔。馬陸之生殖腺開口於第三體節之腹面中央，行體內受精，雄體以位於第七體節處之生殖腳傳送精液入雌體。」

還有「生殖腺」和「精液」啊？這可怖的東西還真的有它自己的風情和生命呢，無數隻的腳，無窮盡的奮鬥，一生的努力，只能走一點點的路。我有點心軟了。

常識

發現一條長蟲的名字叫「馬陸」之後，就去了屏東。兩個屏東人聽了我的故事，不屑地說，「大驚小怪。」馬陸，他們從小就知道。而且，他們糾正我，馬陸的身軀不像蚯蚓一樣軟，是硬的，還帶殼。

這回輪到我驚了——這會不會又是一件「眾人皆知我獨愚」的事？

我對台灣是有巨大貢獻的，就以《康健雜誌》的成立而言，我就是那關鍵因素。有一年，從歐洲回台灣，先去探視一位長輩。他看起來頗為疲累，問及緣由，長輩遂談起「攝護腺肥大」的種種苦惱。告別之後，匆匆赴好友殷允芃之約。趕到時，允芃已嫣然在座。見我形色匆忙，允芃關切地問：「怎麼看起來有點疲累？」

實在不知該怎麼回答——我覺得很好啊，可是既然看起來「疲累」，那——我不假思索對她說：「可能攝護腺肥大吧。」把包包放下，坐下來，拿過菜單，跟侍者點了一杯馬其朵咖啡，這時才覺得允芃端詳我的表情有點怪異。

她是在等著看我解釋自己的「玩笑」。等了半天，發現我沒開玩笑的意思。於是她把身體趨前，那種尷尬的神情，好像在告訴一個男人他的褲襠拉鍊沒拉上，她小聲地說：「應台，嗯……女人沒有攝護腺。」

嗄？

我愣住了。

當天，就在那中山北路的咖啡館裡，當我的馬其朵咖啡正在一個白色磁杯裡顫悠悠地被送過來的途中，台灣《天下雜誌》發行人殷允芃決心創辦《康健雜誌》。她的理由是，如果像龍應台這種人對於醫學常識都糟到這個程度，那麼顯然很多人都需要被她拯救。

我為自己的無知覺得羞慚，很抬不起頭來——這故事要在台北的文壇江湖怎樣地流傳啊。一直到有一天，見到了好朋友J，他是個赫赫有名、粉絲群龐大的作家兼畫家。J聽了眾人笑我的故事，很有義氣地拍拍我的肩膀說：「不要緊。我都到最近才知道，原來攝護腺不是長在脖子裡。」J，可是個雄赳赳氣昂昂的大男人。

什麼叫知識的盲點，我在十七歲那年就知道了。讀台南女中時，每天放學後在同一個車牌等交通車回家。在那裡站了大約一年以後，有一天，望著車水馬龍，我終於問站在身旁等車的同學：「為什麼馬路這一邊的車都往這個方向，那邊的車都往另一個方向？」

那個同學的表情，基本上就是後來的殷允芃的表情，很怪異。

所以現在，是不是天下的人都知道「馬陸」，只有我不知道？

我緊張了。

第二天家庭聚餐，剛好兩個大學生姪兒在座，馬上作民意調查，「你們知不知道一種蟲叫馬陸？」

他們兩個眼睛轉轉，像國中生一樣地回答：「節肢動物，很多腳。」

我心一沉，不妙。他們也知道。「和蜈蚣差別在哪？」我再問。

「一個扁，一個圓。一個有毒，一個沒毒。」

「還有呢？」

「不知道了。」

「見過嗎？」

「沒有。課本裡有圖。考試有考。」

我覺得稍稍扳回一點，故作姿態老氣橫秋地說：「你看你們，都只有課本假知識，其實不知道馬陸是什麼。我告訴你們：蜈蚣的身體一節只有一對腳，馬陸每節有兩對腳。」

哥哥一旁聽著，一直不說話，這時卻突然插進來，悠悠說：「我記得有一年，我們一群人一起在嗑瓜子，你發現你嗑得比所有人都慢，然後才知道，原來嗑瓜子要從尖的那一頭嗑起，你卻從圓的那頭拼命嗑。那時你都三十多歲了。」

兩個大學生同時轉過來驚呼：「嗄？嗑瓜子要從尖的那一頭？」

淇淇

某年自歐返台，與紀忠先生閒散聊天。其憶及一九三二年正值英氣風發時初次泛游長江，見江水壯闊，平野無邊，深嘆江山之偉麗，然而印象最深刻者，莫如江中多次所見巨魚成群，浮沉翻躍，水光激濺。

「魚，」先生伸展兩臂比擬，「碩大如牛犢。」

我驚得幾乎跌落手中之匙。方才捧讀《入蜀記》，今日便聞書中語。一一七〇年，中年陸游暢游長江，所見如是：

巨魚十數，色蒼白，大如黃犢，出沒水中，每出，水輒激起，沸白成浪，真壯觀也。

民國之紀忠可知蒼茫大江所見，同於七百六十年前宋人陸游所目睹？

回歐洲書房，重讀《入蜀記》，細細爬梳與陸游同時代、共江山之水中同儕：

> 江中江豚十數，出沒，色或黑或黃……，俄又有物長數尺，色正赤，類大蜈蚣，奮首逆水而上，激水高二三尺，殊可畏也。

……大如黃犢之巨魚，顯係江豚或白鱔豚，然數尺長之江中「大蜈蚣」，好不怕人，又係何物？

> 早間同行一舟，亦蜀舟也，忽有大魚正綠，腹下赤如丹，躍起舵旁，高三尺許，人皆異之。

讀之不禁莞爾；「春風正綠江南岸」，「夜半無人鶯語脆，正綠窗風細」之「綠」，陸游以動詞揮霍，「忽有大魚正綠」，真滑稽唐突，鮮活可愛也。歷史生物學家或可解惑，此「大魚正綠，腹下赤如丹」者，今日何在？

> 十二日。江中見物，有雙角，遠望正如小犢，出沒水中有聲。
>
> 晚泊艣臍洑，隔江大山中，有火兩點若燈，開闔久之。問舟人，皆不能知。或云蛟龍之目，或云靈芝丹藥光氣，不可得而詳也……
>
> 晚，觀大黿浮沉水中。

淇淇獨處世間長達二十二年，鬱鬱以終。洪荒萬年，獨對穹蒼滅絕，謂之大寂寞可也。（王熙維攝）

陸游之時，頭角崢嶸、碩大如牛犢之巨魚，泅於水中；目光炯炯、開闔若電眼之怪獸，藏於山中。矗立船首，隨興舉目，則「觀大鼉浮沉水中」。上岸夜泊小村，則見長江江中唯有巨魚，村民「欲覓小魚飼貓，不可得」。

二〇〇六年十一月，數十名國際科學家齊聚武漢，裝備齊整，巡游長江，上下縱橫三千公里，尋找白鰭豚。《爾雅》古籍記載長江白鰭豚身世，晉學者郭璞為之作注：

> 鰭屬也，體似鱘魚，大腹，喙小，銳而長，齒羅生，上下相銜，鼻在額上，能作聲。少肉多膏，健啖細魚。大者長丈餘，江中多有之。

國際團隊循江探索長達月餘，最終宣布：白鰭豚，兩千五百萬年與大地同老之「活化石」，已經絕迹。

一九八〇年，農民曾於洞庭湖畔打漁時，遇一迷途白鰭豚，傷痕累累，擱淺沼澤。專家拯救，飼於屋宇之內，名之淇淇，愛之護之養之育之。

淇淇獨處世間長達二十二年，鬱鬱以終。洪荒萬年，獨對穹蒼滅絕，謂之大寂寞可也。

狼來了

德國環保部今年二月開了一個很正經的會議，主題是：「誰怕大野狼？」穿西裝的人們坐下來熱烈地討論：歐洲森林裡消失了一兩百年的灰狼又回來了，該怎麼處理？

讀這樣的新聞，實在讓人忍俊不住，你可以想像一群「東郭先生」開會討論「中山狼」嗎？

德國的狼，被格林兄弟抹黑得可厲害。好幾代人，從還不會說話、走路的幼兒期，就被他們的父母以床邊故事的溫柔方式灌輸「狼很可怕」的意識型態。小紅帽的奶奶就被那尖牙利嘴的狼給吞下肚了。而且狼還有心機，牠會偽裝成奶奶的樣子來騙小紅帽。七隻可愛小羊在羊媽媽出門的時候，差點全完蛋，那狼，不但會裝出媽媽嗲嗲的聲音，還會用麵粉把自己的手敷成白色。三隻小豬，那更別說了，被個大野狼搞得傾家蕩產。最後，當然是邪不勝正，野狼總是會死的，而且格林總讓牠們死得很難看。小紅帽的大野狼是被獵人的槍給轟死的，七隻小羊的大野狼是淹死了以後再被開膛破肚的。

這樣在仇恨教育中長大的孩子，真正長大以後能與狼和平共處嗎？中文世界裡的狼，名譽和境遇好不到哪裡去。狼心狗肺、狼狽為奸、狼吞虎嚥、鬼哭狼嚎、聲名狼藉、杯盤狼藉、豺狼成性、官虎吏狼、引狼入室、「子係中山狼，得志便猖狂」……哪有一個好詞？

在羅馬、蒙古和日本原住民的遠古傳說裡，狼都是高貴和力量的象徵，但是擋不住污名化。人類對狼族進行理直氣壯的「種族大屠殺」，到了二十世紀，歐洲和北美的森林裡，狼已經基本被清算乾淨。

同時，城市裡每一個廣場上，鴿子聚集。

紐約市有一百萬隻鴿子。在水城威尼斯，鴿口是人口的三倍，走路過橋都要被鴿子撞上。每一對鴿子夫妻平均一年要生十二個孩子鴿，繁衍速度驚人。市政府的衛生官員都很頭痛，因為鴿子帶來種種疾病，尤其對孕婦、兒童、老人、病人威脅最大。鴿子，其實就是一種長了翅膀的老鼠。人們談鼠疫而色變，對於會飛的老鼠卻寵之餵之姑息之，因為，唉，鴿子的形象實在太好了。

《聖經》裡，洪水幾乎毀滅了醜陋的人類，絕望中的第一線光明，就是鴿子啣著橄欖葉帶來的。從此，鴿子的肥，被看作可愛；鴿子的笨，被看作和平。鴿子瀉肚似白稀稀的糞便，糊住偉人銅像的眼睛；沾著唾液髒髒的羽毛，掉進你露天的咖啡杯裡。衛生部門發明出各種排除鴿子的方法——把避孕藥摻進牠們的食物裡，用噪音波驅趕，但是沒人敢大剌剌地說，要滅殺鴿子。如果有哪個不要命的官員敢用「滅鼠」的方式或甚至語言來談鴿子的處理，那他真的不要命了，愛好和平的市民會憤怒地驅逐他，對他吐口

水。

狼，快消失了，保育人士開始為狼族平反，從形象開始。東自波蘭西至英國，呼籲尊重「狼權」的團體越來越多。在廣場上擺出花花綠綠的攤子，也許隔壁就是「抗議蘇丹屠殺」的攤子。狼的莊嚴的照片放在海報上，激越的聲音告訴過路的人，狼，從來就不害人，牠躲人唯恐不及。保護政策開始出現，今天，挪威有二十隻，義大利五百，西班牙兩千，瑞士有三隻，瑞典有九群，德國有三十隻。美國的黃石公園，為狼權努力了很久，現在有四百五十隻快樂的狼。

你說，狼吃了農人的羊怎辦？是的，農人生氣地說，你們城市人自以為浪漫，喜歡森林裡有大野狼，但是大野狼吃我們的羊，誰賠？結果是，農民可以申請國賠，於是農民也不說話了。但是申理國賠之後，統計數字一出來，人們發現，狼其實並不那麼愛吃人家養的羊。反倒是，森林裡因為又有了狼，生態平衡更健康了點。在狼族回來之前，黃石公園裡因為麋鹿太多，楊樹和柳樹被麋鹿吃個殆盡，使得需要楊、柳樹的水獺和大角駝鹿難以維生。在狼族回來之前，體型較小的土狼猖獗，害死了狐狸部落。

狼來了，麋鹿少了，而且把吃不完的麋鹿肉留給大灰熊，於是大灰熊的孩子們多了起來。狼來了，土狼少了，小鼠小兔多了，於是狐狸和禿鷹們就成了旺族。

狼來了，唉，真好。

穿西裝的人們坐下來熱烈地討論：歐洲森林裡消失了一兩百年的灰狼又回來了，該怎麼處理？

新移民

在紐約生活過四年，四年中，比較難忘的，不是那都市的繁華和人文的鼎盛，倒是我小小院落裡那一幫。

院子外面是一片荒野樹林，雜木叢生，荊棘滿地。從他們藏匿的地方看向我家，燈火一定是重大信號。晚上，廚事結束，廚房的燈火先滅。然後是書房和客廳的光與人影。更晚一點，書房和客廳的火熄滅，必定是臥房的燈亮起；當這盞燈也滅了，樹影幢幢，映在發光的雪地上，他們一幫就從黑影中開始蠢動，準備翻過籬笆。

開始時，聽見院子裡有聲音，我們以為有賊，悄悄下床來，貼在黑暗的窗口往外窺視，外面一片月光，白雪燦然，那一幫五口，已經翻身而入，身材高矮肥瘦不一，錯落站在雪地上，顯然正在打量形勢。他們臉上彷彿蒙著面具，兩隻眼睛像用大把黑墨塗過，塗抹過度，又濃又黑，看起來就像化妝得不太標準的假的江洋大盜，也像被人打得兩眼烏青的馬戲團小丑。爸爸媽媽，夥同三個沒教養的子女，在月光下，朝我們的廚房台階匍匐前進。

外面一片月光，白雪燦然，那一幫五口，已經翻身而入，身材高矮肥瘦不一，
錯落站在雪地上，顯然正在打量形勢。

台階上，放著垃圾桶和廚餘。他們將翻箱倒篋，搜刮一空，甚至當場花天酒地，搞個腦滿腸肥，然後揚長而去。離開犯罪現場時，也不會稍加整理，掩飾罪行，以至於第二天早晨，我們會有一地的狼藉不堪要收拾。

我們和這一家浣熊共同生活了四年。為了認識鄰居，我查了些資料，才知道，浣熊固然可以活到二十歲，這些落籍大城市的北美原住民族人，平均壽命卻只有兩三歲，因為，他們會被汽車輾死，或吃到有毒的食物，而一旦母親死了，幼兒就很難生存。

〇四年，英國的聳動報紙，以「納粹浣熊」做標題，說，「納粹浣熊橫掃歐陸後正向英倫進軍……行軍英吉利海峽，即將進行毛茸茸的閃電戰術。」咦，浣熊不是只有北美才有嗎？哪裡來的「納粹浣熊」？

原來，一九三四年，時任德國森林部長的戈林曾經批准一對浣熊童男童女送進德國森林裡去開山建國，為了「增進德國森林的多樣性」。一九四五年盟軍轟炸柏林時，一個專門為皮毛養殖浣熊的農場被轟炸，浣熊被「解放」，奔向自由的森林。六〇年代，北約的美國士兵在任務結束時，往往把他們在軍營裡飼養當作「吉祥物」的浣熊釋放，也促成了浣熊的戰後嬰兒潮。

六十年後，德國的森林裡據估計可能已經有上百萬的浣熊族。一向只在電視上看見過浣熊的德國人赫然發現，這些看起來滑稽的外來移民，塗了黑眼圈的宵小族群，不但會用他們毛茸茸的手打開緊蓋的垃圾桶，還會潛入葡萄莊園的地下酒窟，用他們的利齒翻開酒桶，喝個酩酊大醉。有些浣熊喜歡在城市裡討生活。五星級的古蹟城堡酒店也開始發現，閣樓裡有不明腳步聲，乳酪和雞肉會神祕失蹤，突然停電是因為電線被咬斷；有一天，閣樓的天花板竟然整片垮了下來——浣熊們吃得太飽，太重了。

一百萬個長相可笑的新移民，夜夜出來肆亂狂歡。於是，傳統的獵人不得不也上場了。背上槍，穿上長統靴，走進了森林。

邀請浣熊們來歐洲做「開山聖王」的戈林，後來不管森林了，變成納粹德國的空軍大元帥，希特勒的指定接班人。一九四五年，在紐倫堡戰犯大審中，被判絞刑。戈林要求以軍人的死法，槍決，來結束生命，不得允許，於是在上絞架前兩小時，吞氫化鉀而亡。在下令「終結」猶太人的文件上，戈林的簽署是最高官階——懂得森林需要「多樣性」的人，卻不懂得人的社會也需要「多樣性」。

然而在獄中等候死亡的戈林，對人民與領袖之間的權力從屬關係，說過一番深刻的話：

> 一般人當然都不願有戰爭，不論是俄羅斯、英國、美國，或德國。那是當然。但是，做決定的總是政治領袖，把人民拖著走是個簡單不過的事，不管是民主還是法西斯專政，不管是議會制度還是共產獨裁。不管有沒有聲音，人民是很容易被領袖使喚的，實在太容易了。你只要告訴他們外面有敵人威脅，然後把反對戰爭的人全打為「不愛國」或說他們使我國陷於危機，就行了。這一招，可是在哪個國家都一樣啊。

蔚藍

難入眠時，亂翻古籍，常得意外，一有意外，自然更為難眠。昨夜在燈下閱《老學庵筆記》，讀到陸游談語言：

蔚藍乃隱語天名，非可以義理解也。杜子美〈梓州金華山詩〉云：「上有蔚藍天，垂光抱瓊台。」猶未有害。韓子蒼乃云：「水色天光共蔚藍」，乃直謂天與水之色俱如藍爾，恐又因杜詩而失之。

原來已擁被在臥，此刻匆匆披衣下床，疾疾步往書房，尋找韓駒的完整詩句：

汴水日馳三百里，扁舟東下更開帆。
旦辭杞國風微北，夜泊寧陵月正南。
老樹挾霜鳴窣窣，寒花垂露落毿毿。
茫然不悟身何處，水色天光共蔚藍。

陸游竟然認為韓駒錯用了「蔚藍」的意思，它根本應該是名詞，不是形容詞。深夜裡，我光著腳板，穿著睡衣，握著一卷宋詩，在黑幽幽的書房裡，走神了。

二十二歲的時候，一件很小的事情，影響了我日後一生的為文風格。在一封幼稚的，表達思念的情書裡，我用了「蔚藍的天空」這個詞。兩人會面時，這個學物理的男生問我：「你知道『蔚藍』的意思嗎？你知道『蔚』的意思嗎？」我傻了，第一個念頭，「蔚藍」就是「蔚藍」，還需要問嗎？第二個念頭……——誠實地說，啊，我還真不知道「蔚」，或者「蔚藍」，是什麼意思。

他靜靜地說：「那麼，你為什麼要用你並不真正理解的字或詞呢？」

我睜大眼睛瞪著他看，心想，你這傢伙是在用物理學的規則詮釋語言嗎？宇宙萬物，難道只能容許名詞，不容許形容詞？難道只有名詞才算是真實的存在？

讀外文系的我，無法回答他，譬如，「蔚」代表盛大、壯觀、偉麗，《顏氏家藏尺牘》裡說：「海內人文，雲蒸霞蔚，鱗集京師，真千古盛事。」人文可以如霞彩滿天。我也沒有學問可以跟他說，那你去讀《文選・西都賦》吧，裡頭有「茂樹蔭蔚，芳草被隄」，形容草木繁盛，還有，你去讀李格非的〈洛陽名園記〉吧：「其間林木薈蔚，煙雲掩映，高樓曲榭，時隱時見。」綠蔭濃得化不開，就是「蔚」。

這原始叢林似的葳蕤蓊鬱，這火燒天際似的瑰麗壯闊，全指的是一個「藍」字，你能想像那天空藍到多麼深邃、藍到多麼徹底、多麼無邊無際嗎？

二十二歲的我，無法回答，但是，他的質問，像留在皮膚深層的刺青，靜靜地跟著

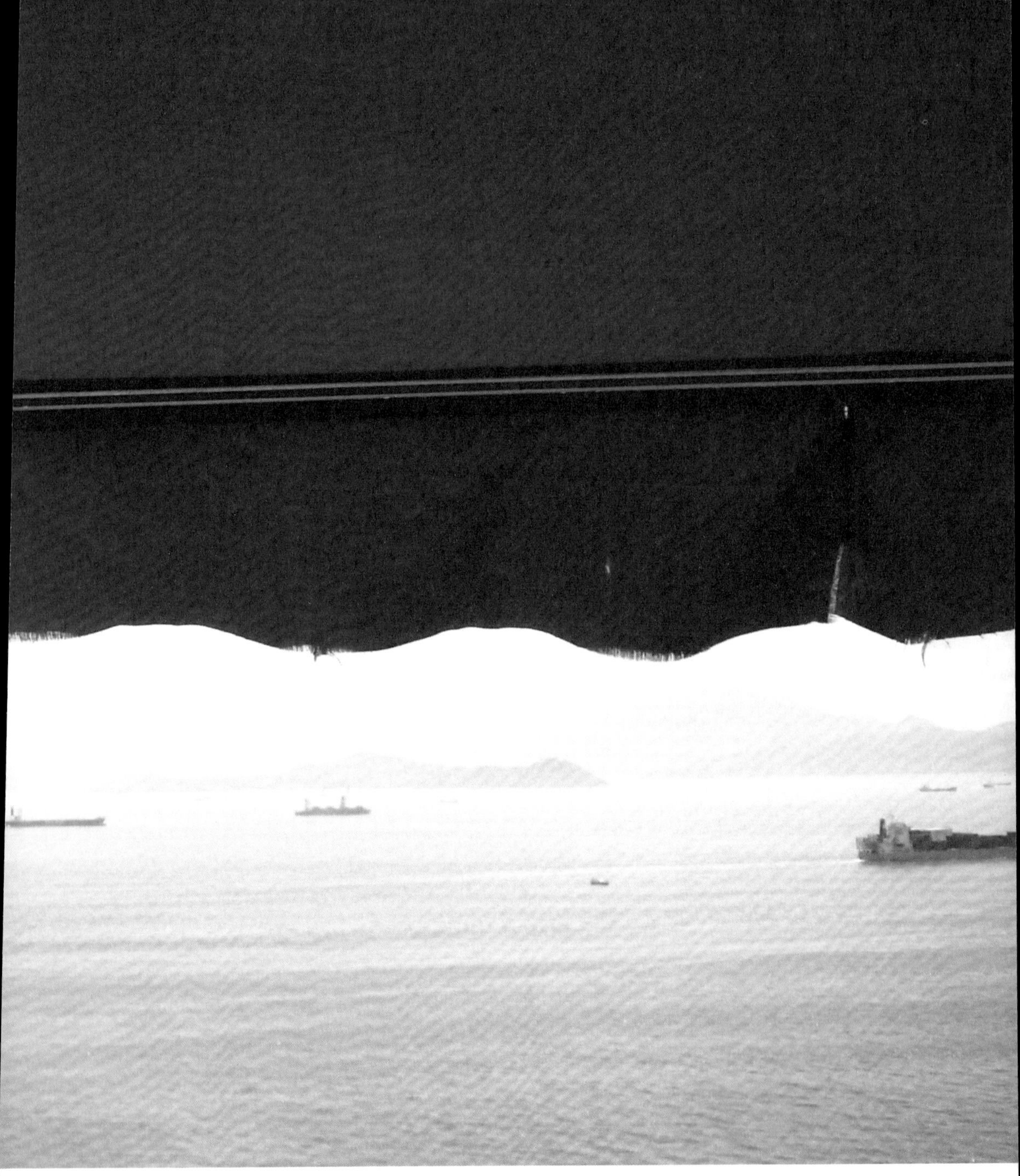

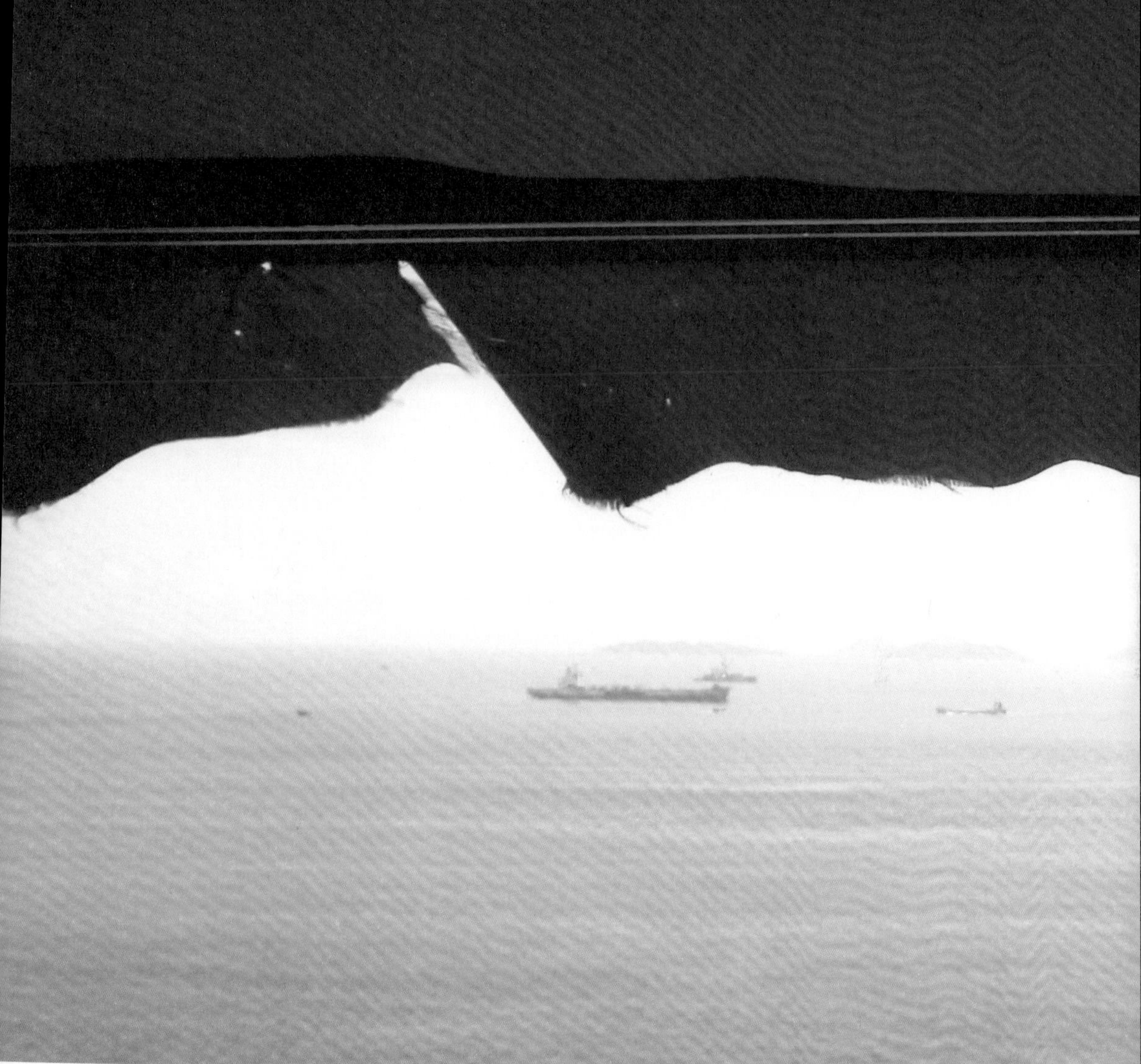

兩人會面時，這個學物理的男生問我：「你知道『蔚藍』的意思嗎？你知道『蔚』的意思嗎？」
我傻了，第一個念頭，「蔚藍」就是「蔚藍」，還需要問嗎？第二個念頭……
──誠實地說，啊，我還真不知道「蔚」，或者「蔚藍」，是什麼意思。

我長，然後成為我寫作的胎記——不懂的字，不用。

怎麼陸游會特別挑「蔚藍」這個詞來談呢？而且，他認為「蔚藍」根本就是個名詞，「天」的代詞，韓駒不該把它變成了形容詞。

寫「上有蔚藍天」的杜甫死於七七〇年，是八世紀的人。作「水色天光共蔚藍」的韓駒是十二世紀的人——死於一一三五年。陸游批評兩人的「蔚藍」，大約是一一九四年。我學到對「蔚藍」不可輕率，是一九七四年。

放下書，走近窗，把窗扇用力推出，海風從窗口「欻」一下吹入，然後就聽見海浪輕輕撲岸的聲音。

花樹

家住歐洲時，常常在花園中除草，但總是保留一隅，讓野草怒長。夏天，白色的馬格麗特纖纖細細地冒出大地，長到一個孩子那麼高，然後就每天隨風舞蕩。但是每年冬雪初融，讓我滿心期待的，卻是初春的蒲公英。西歐的蒲公英花朵特別大，色澤濃稠，開出來像炸開的菊花遍野。

可是規矩的德國人把蒲公英定位為野花，野花不除，代表社會秩序的混亂。鏟除人行道上從石縫裡鑽出的蒲公英，就是屋主的責任。因此週末時，我就常和幼小的孩子義務勞動，跪在人行道上死命拔蒲公英的根。不願意用農藥，只好用手拔。

因此我熟悉蒲公英的根。地面上的莖，和莖上一朵花，只有短短十公分，地下面的根，卻可以長達半米。拔出來，那根是潮濕的，粘著柔潤的土，偶爾還有一隻小小不甘心的蚯蚓，纏在根鬚上。

蒲公英對我不僅只是蒲公英，它總讓我想起年輕時讀愛默生（Ralph Waldo Emerson, 1803-1882）。二十三歲的我，在思索文字的藝術。然後不知在什麼樣的晚上，愛默生的文字跳進眼裡：「文字，應該像蒲公英的根一樣實在，不矯飾，不虛偽。」

好像是很普通的說法，可是這個意象，跟了我一輩子。蒲公英的根，是連著泥土的，是扎根很深的，是穹蒼之下大地野草之根。

愛默生在哪篇文章裡說到這個而影響了我呢？找不到出處了，但是亂翻書時碰見他的一首詩，三十年沒讀他的詩，有故交重逢的欣喜。但是，白話的中文翻譯讀來像加了氟的自來水稀釋過的果汁，平庸乏味。

紫杜鵑

五月，當淒厲的海風穿過荒漠，
我看到樹林裡紫杜鵑燦然開放
無葉的花朵點綴於陰濕的角落，
荒漠和緩流的小溪有多麼快樂。
紫色的花瓣紛紛揚揚飄入水池，
烏黑的池水因這美麗歡欣無比。
紅鳥可能會飛來這裡浸濕羽毛，
向令牠們慚愧的花兒傾吐愛慕，
紫杜鵑！如果聖人問你，為何
你把美艷白白拋擲在天地之間，

先生曰：「你未看此花時，此花與汝心同歸於寂，你來看此花時，
則此花顏色一時明白起來，便知此花不在你的心外。」

告訴他們，親愛的，
如果眼睛生來就是為了觀看，
那麼美就是它們存在的理由。
你為什麼在那裡。玫瑰的匹敵
我從未想起要問，也從來不知道。
不過，以我愚人之見，我以為，
把我帶來的神明也把你帶到這裡。

乾脆自己動手吧。找出英文原文，坐下來，生平第一次譯詩：

紫杜鵑
五月，海風刺透靜寂
林中忽遇紫杜鵑
葉空，花滿，遍綴濕地
荒原緩溪為之一亮
紫瓣繽紛飄落
黑水斑駁豔麗
緋鳥或暫歇涼

愛花瓣令羽色黯淡
若問汝何以
絕色虛擲天地
請謂之：眼為視而生
則美為美而在
與玫瑰競色
何必問緣起
吾來看汝，汝自開落
緣起同一

寫著寫著，忽然心動停筆，想到——這首詩，豈不正是十六世紀王陽明的同道呼應？

先生遊南鎮，一友指巖中花樹問曰：「天下無心外之物，如此花樹，在深山中自開自落，於我心亦何相關？」先生曰：「你未看此花時，此花與汝心同歸於寂，你來看此花時，則此花顏色一時明白起來，便知此花不在你的心外。」

亂離

這條巷子很短，巷頭看到巷尾，不過五十公尺。而且巷子還挺醜的，一棵綠色的樹都沒有。我只是散步，看見這一戶的大紅門上貼著「售」字，包裡剛好放了個相機，就「喀擦」拍了張照片。從來沒問過賣房子的事，也從來沒這樣拍過照。但是，不知道為什麼，就這樣回到了辦公室。

幾個小時之後，竟然又想起這件事，於是拿出相機，打開照片，把號碼抄下來，請小春打電話去詢問房子多少錢。小春就在我眼前打電話。她是個滿臉笑容的甜蜜女孩兒，歡歡喜喜客客氣氣地問：「請問……」但是沒說幾句話，臉就變了顏色。

她吞吞吐吐地說：「那個業務員說，是職業道德，一定要講清楚……」

「凶宅？」

她點頭。一個七十歲的老兵，被討債的人活活打死在房間裡頭。

「喔，」我興高采烈地說：「好啊，約他今晚去看房子。」

「晚上？」小春睜大了眼睛。

冬天的晚上，天黑得早。涼風颼颼的，我們走進巷子裡，沒有樹的巷子在昏昏的路燈下看起來像廢棄的工廠畸零地。業務員小伙子在停機車，路燈把他的影子誇大地投在牆上。這時，我們發現，大門是斜的。「路衝，」他一邊開鎖一邊說：「大門對著巷口，犯衝。」我悄悄看了眼路口，一輛摩托車「咻」地一下閃過，車燈的光無聲地穿進巷裡又倏忽消失。

進了大門，原來是露天的前院，加了塑料頂棚，遮住了光，房間暗暗的。業務員開了燈，都是日光燈，慘白慘白的，照著因潮濕而粉化脫落的牆面，我們的人影像浮動的青面獠牙。小春小聲地問：「什——什麼時候的事？」

「七年前了。」業務員說，一面皺著鼻子用力在嗅。小春緊張，急促地問：「你在聞什麼？在聞什麼？」

「沒有啦，」業務員停下他的鼻子，說：「只是感覺一下而已。」

「感覺什麼？你感覺什麼？」小春克制不住情緒，幾乎就要掐住那人的脖子。

我說：「總共有三個臥房，請問老兵住哪個房間？」

業務員站得遠遠的，遙遙指著廚房邊一個門，說：「那個。就在那個房間裡。」

我走進他指的房間，聽見他在跟小春說：「他們把他綁起來，兩隻手用膠帶纏在後面，嘴巴用抹布塞住，然後打他踢他，最後用他自己的夾克套住頭，把他悶死。鄰居都聽見慘叫，可是沒有人下來。」

房間大概悶久了，有逼人的潮氣，牆角長了霉，暈散出一片污漬，有一個人頭那麼大。

「很便宜啊，」業務員這回是對著我說的，但仍舊站得遠遠的，「很便宜啊，才一千萬。」

我走出霉菌長得像人頭的房間，問他：「老兵叫什麼名字？」

業務員說：「名字滿奇怪的，叫莫不穀。」

姓「莫」名「不穀」？這可是個有來歷的名字啊。《詩經・小雅・四月》：

四月維夏，六月徂暑。先祖匪人，胡寧忍予？
秋日淒淒，百卉具腓。亂離瘼矣，爰其適歸？
冬日烈烈，飄風發發。民莫不穀，我獨何害？

以《詩經》命名的一個孩子，在七十歲那年，死於殘暴。

一個星期以後，我和十個教授朋友們聚餐，都是核子工程、生化科技、物理動機方面的專家。我把看房子的故事說了，然後問：「反對我買的舉手？」

八個人堅決地舉起手來，然後各自表述理由——有一個世界，我們肉身觸不到、肉眼看不見的世界，可能存在，不能輕忽。三四個人，開始談起自己親身「碰觸」的經驗：沙上有印，風中有音，光中有影，死亡至深處不無魂魄之漂泊……

另外兩個默不作聲，於是大家請他們闡述「不反對」的理由。眾人以為，看吧，正

三四個人，開始談起自己親身「碰觸」的經驗。沙上有印，風中有音，光中有影，死亡至深處不無魂魄。

宗的科學家要教訓人了。然而，一個認真地說：「鬼不一定都是惡的。他也可能是善的，可以保護你，說不定還很愛你的才氣，跟你做朋友。」另一個沉思著說：「只要施點法，就可以驅走他。而且，你可以不在那裡住家，把它當會客的地方，讓那裡高朋滿座，人聲鼎沸，那他就不得不把地方讓給你了。」

又過了一個星期，和一位美國外交官午餐。我把過程說完，包括我的科學家朋友的反應，然後問他的意見。外交官放下手裡的刀叉，露出不可置信的神情，直直地注視著我說：「我的朋友，這有什麼好猶疑的？當然不能買啊。你不怕被『煞』到嗎？」

倒是小春，從那時起，就生病了。後來醫生說，她得了憂鬱症。

時間

二〇〇七年最末一個晚上，十八歲的華飛去和朋友午夜狂歡。我坐在旅店的窗邊，泰北冬季的天空潔淨，尤其當城市的燈火因貧窮而黯淡，星星就大膽放肆了，一顆一顆堂堂出現。但是星星雖亮，卻極度沉默，下面的街頭人聲鼎沸，樂鼓翻騰。剛從街上的人流裡撤回，我知道，像河水般湧動的是情緒激越的觀光客，但是暗巷裡騎樓下，疲憊的女人正開始收攤，她們赤腳的幼兒蜷在一旁，用破毯子裹著，早睡著了。

然後煙火，衝向天空轟然炸開，瞬間的璀璨，極致的炫美，人們雀躍歡呼。這是跨年之夜。可是，這不是神明的生日，不是英雄的誕辰，不是神話中某一個偉大的時刻，不是民族史裡某一個壯烈的發生，那麼，人們慶祝的究竟是什麼呢？

想想看，你用什麼東西量時間？

一只沙漏裡細沙流完是一段時間。一炷馨香裊裊燒完是一段時間。一盞清茶，從熱到涼，是一段時間。鐘錶的指針滴答行走一圈，是一段時間。

有時候，我們用眼睛看得見的「壞」去量時間。一棟每天路過的熟悉的房子，從圍

有時候，我們用眼睛看得見的「壞」去量時間。

牆的斑駁剝落到門柱的腐蝕傾倒，然後看著它的屋頂一吋吋擴大垮陷，有一天野樹爬藤從屋中昂然竄出，宣告完成——需要多少時間？

有時候，我們用非常細微的「動」，去量時間。星星的行走、潮水的漲落、日影的長短，不都是時間的量器？在香港的海濱，我看每天金星出現在海平線上的點，冬天和夏天不同。在台北的陽明山上，我看夕陽下沉時碰到觀音山脊的那一剎那，春天和秋天也不同。

你是否也用過別的量法？孩子小時，我在他們臥房的門沿掛上一個一米半高的木板量尺。每一年孩子的生日，讓他們站在門沿背對著尺，把他們的高度用小刀刻下。於是刻度一節一節高升，時間也就一節一節在走。

南美洲有一家人，夫妻倆加五個孩子，每一年的同一天，一家七口一人拍一張大頭照，三十年不曾間斷。三十年中，紅顏夫妻變成老夫老嫗，可愛純真的嬰兒變成心事重重的中年人。

還有那瘋狂的藝術家，突然決定寫數字。醒來一開眼就寫連續累積數字，吃飯、坐車、走路、如廁、洗頭時不斷地寫；搭飛機出國時，在飛機的座位上寫；到醫院看病打針時，在病床上寫；到教堂做禮拜時，在教堂的長板凳上寫。每分每刻每時寫，每天每月每年寫，數字愈來愈大，字串愈來愈長，藝術家這個人，是的，愈來愈老。

寫「無邊落木蕭蕭下，不盡長江滾滾來」的時候，杜甫不是在記錄時間嗎？唱「林花謝了春紅，太匆匆」的人，不是在記錄時間嗎？林布蘭一年一年畫自畫像，從少年輕狂畫到滿目蒼涼——他不是在記錄時間嗎？

農業社會的人們認真地過春分秋分夏至冬至，難道不也是在一個看不見的門沿上，祕密地，一刀一刀刻下時間的印記？

所以跨年的狂歡、聚集、倒數，恐怕也是一種時間的集體儀式吧？都市裡的人，燈火太亮，已經不再習慣看星星的移動和潮汐的漲落，他們只能抓住一個日期，在那一個晚上，用美酒、音樂和煙火，藉著人群的吆喝彼此壯膽，在那看不見的門沿量尺上，刻下一刀。

凌晨四時，整個清邁小城在寧靜的沉睡中，二〇〇八年悄悄開始。我們行裝齊整，離開了旅店，在黑夜中上路，往泰寮邊界出發。五個小時的蜿蜒山道，兩天的慢船河路，冷冽的空氣使人清醒。我在想，在古老的湄公河上啊，時間用什麼測量？

距離

從泰寮邊村茴塞，到寮國古城瑯勃拉邦，距離有多遠？

地圖上的比例尺告訴你，大約兩百公里。指的是，飛機在空中從一個點到另一個點的直線距離。兩百公里，需要多少時間去跨越？

在思考這個問題時，我已經坐在瑯勃拉邦古城一個街頭的小咖啡館，街對面是舊時寮國公主的故居，現在是旅店。粉紅的夾竹桃開得滿樹斑斕，落下的花瓣散在長廊下的紅木地板上。你幾乎可以想像穿著繡花鞋的婢女踮著腳尖悄悄走過長廊的姿態，她攬一攬遮住了眼睛的頭髮。頭髮有茉莉花的淡香。

寮國的天空藍得很深，陽光金黃，一隻黑絲絨色的蝴蝶正從殷紅的九重葛花叢裡飛出，穿過鐵欄杆，一眨眼就飛到了我的咖啡杯旁。如果牠必須規規矩矩從大門走，到達我的咖啡杯的距離，可不一樣。

茴塞是泰寮邊境湄公河畔的小村。一條泥土路，三間茅草屋，嬰兒綁在背上的婦女兩腿叉開蹲在地上用木柴生火。一個衣衫襤褸的孩子肩上一根扁擔正挑著兩桶水，一步一拐舉步艱難地走在泥地上；凶悍的火雞正在啄兩隻打敗了卻又逃不走的公雞。茴塞，沒有機場，因此空中的兩百公里只是理論而已。

如果有公路，那麼把空中的兩百公里拿下來，像直繩變絲巾一樣拉長，沿著起伏的山脈貼上，變成千迴百轉的山路，換算下來就是四百公里。四百公里山路，從茴塞到古城，無數的九彎十八拐，需要多少時間去橫過？

這個問題同樣沒有意義，因為，貧窮的寮國山中沒有公路。從茴塞，走湄公河水路是唯一抵達古城的方法。

湄公河這條會呼吸的大地絲帶，總長四千兩百公里。其中一千八百六十五公里穿過山與山之間潤澤了寮國乾涸的土地。從茴塞到瑯勃拉邦的水路，大概是三百公里。這三百公里的水路，需要多少時間去克服？

本地人說，坐船吧。每天只有一班船，趁著天光，一天行駛七八九個小時，天黑了可以在一個河畔山村過一夜，第二天再走七八九個小時，晚上便可以抵達古城。

我們於是上了這樣一條長得像根香蕉的大木船。茴塞沒有碼頭，船老大把一根木條搭在船身和河岸上，我們就背負著行李危危顫顫地走過。村民或赤足或趿塑膠拖鞋，重物馱在肩上，佝僂著上船。雞籠鴨籠米袋雜貨堆上了艙頂，摩托車腳踏車拖上船頭，旅客們擁擠地坐在木板凳上。木板又硬又冷，不耐艱辛時，人們乾脆滑下來歪躺到地板上。沒有窗，所以河風直直撲面終日冷嗆，但是因為沒有窗，所以湄公河三百公里的一草木一岩石、一迴旋一激蕩，歷歷在眼前。

本地人說，坐船吧。每天只有一班船，趁著天光，一天行駛七八九個小時，
天黑了可以在一個河畔山村過一夜，第二天再走七八九個小時，晚上便可以抵達古城。

沒有人能告訴你，三百公里的湄公河水路需要多少時間，因為，湄公河兩岸有村落，當船老大看見沙灘上有人等船，他就把船靠岸。從很遠的地方望見船的影子，村落裡的孩子們丟開手邊的活或者正在玩的東西，從四面八方狂奔下來。他們狂奔的身子後面掀起一陣黃沙。

孩子們的皮膚曬得很黑，身上如果有蔽體的衣衫，大致都已磨得稀薄，或撕成碎條。比較小的男孩，幾乎都光著身子，依偎在哥哥姊姊的身旁，天真地看著人。每經過一個村，就有一群孩子狂奔到水湄，睜著黑亮的眼睛，望著船上金髮碧眼的背包客。船上有一個歐洲的孩子，捲捲的睫毛，蘋果似的臉頰，在年輕的父母身上愛嬌地扭來扭去，咯咯笑個不停。講荷蘭語的父母讓孩子穿上寮國的傳統服裝，肥肥手臂上還套著金光閃閃的手環，像個部落的王子。

每經過一個村子，就有一群孩子狂奔過來。他們不伸出手要糖果，只是站在沙上石上，大大的眼睛，深深地看。這裡是寮國，幾近百分之五十的人不識字。這些湄公河畔的孩子，也沒有學校可去。他們只是每天在大河畔跟著父母種地、打漁，跟伙伴們在沙裡踢球。然後每天經過一次的船，船上有很多外國人，是一天的重大記事。

這些孩子，距離船裡那打扮得像個寮國王子的歐洲孩子又有多遠？可不可測量？

蘇麥

朋友說，到了瑯勃拉邦你一定要去找蘇麥，他的法國餐館就在小學對面，有敞開的透明廚房。寮國那麼多年是法國殖民地，法國餐廳很道地的。

老街就那麼一條，學校就那麼一間，我們一下子就站在那透明的法國廚房前了。找蘇麥？小伙子遙指對街。街上只有一隻黃狗躺在街心，兩個撐著黑傘的僧人走過，鮮黃色的袈裟在風裡飄動。蘇麥正坐在一株菩提樹下，剛好轉過身來看著我們。

法國餐廳中午不開伙，你們要晚上來，蘇麥說。但是，如果不介意，要不要跟我一起吃午餐呢，就在這裡？

菩提樹下，蘇麥坐在一條矮板凳上，小食攤的主人坐在他對面，是個背有點駝的老者。食攤上有深綠色的香蕉葉，黏滋滋的糯米飯，整條的烤魚，各種漬菜和不認識的香料。我們愉快地坐下，用手抓飯。

操場上有孩子們大聲嘻笑、打鬧追逐的聲音，腳踏車轔轔踩過，摩托車噗噗駛過，操各種語言的旅客像小溪一樣流過——大多是歐洲來的年輕背包客，不能「吃苦」的人不會來寮國旅遊。大概街心有點熱了，黃狗抖了下身軀，搖搖擺擺來到了食攤邊，無聊地趴下。陽光把一圈一圈浮動的光影從菩提葉與葉之間花花灑下來。

蘇麥費力地講英語，帶著濃濃的法國腔。他五歲就到了法國，二十二歲才回寮國結婚，但是二十八歲那年寮共革命成功，他流亡法國，一去又是三十年。如今是葉老又歸根，回到古鎮，晚上掌廚，白天就無所事事。

第二天早上，我看見蘇麥坐在咖啡館裡和一個英國人吃早點，聊天。

第三天中午，我看見蘇麥在街上散步，戴著帽子，毛衣從後面披掛在脖子上，做瀟灑狀，乍看完全是個法國人。是的，連生活情調都是法國的。

第三天晚上，我們在他的餐館吃飯，坐在人行道的小桌上，一邊吃飯，喝紅酒，一邊看來往過路的人，還有對面那株看起來有幾百歲的老菩提。能這樣慢慢地過時間，有一種幸福的感覺在我心裡慢慢、慢慢暈開來……

我們在夜空下坐到很晚。人都散了，蘇麥拿出他的相本，放在小桌上。一張一張看，二十二歲的結婚照片，蘇麥穿著筆挺雪白的禮服，像個太年輕的海軍上將，眼睛圓圓的，帶著一種稚嫩的驕傲感。堆滿食物的婚宴長桌旁，是寮國公主和她的家族。這是蘇麥的父親，父親是企業家，他身旁，站的是美國駐寮國大使。那一張，是蘇麥站在寮國王儲身邊，這一張，是內政部長和蘇麥的新婚妻子，喔，是的，妻子是寮國駐聯合國大使的幼女。「這個身材苗條的法國婦人啊？」蘇麥說：「牽著我的手，我五歲，剛到法國。她是我的法國保母。」

我的前半生是個王子，後半生是個乞丐，但是王子和乞丐像一條河的上游和下游，
其實一直同時存在，只是當下不知道而已。

蘇麥給我們添酒，自己也倒了一杯。他的眼睛，有一種溫暖，他講話的聲音，很輕，很慢，很平靜。廚房也靜了，幫忙的小助手們已經回家，燈火已滅。我把相簿闔上。蘇麥正把他的廚師白色高帽摺起，放到一邊。

「一九七五年流亡到法國的時候，」蘇麥啜一口紅酒，眼睛看著酒杯裡紫紅的酒液，酒液是否沾黏酒杯，行家看得出酒的好壞，「我這個巴黎大學國際政治系的畢業生一九七五年是從餐館裡洗盤子開始的。」

蘇麥有兩個人生，前半生，和後半生。不，還有現在的落葉歸根，那是第三個人生了。他溫煦的眼睛看著十八歲的華飛，微微地笑，一點也不覺得十八歲的人可能會聽不懂，他說，佛家是接受一切的。我的前半生是個王子，後半生是個乞丐，但是王子和乞丐像一條河的上游和下游，其實一直同時存在，只是當下不知道而已。現在都過去了，我可以說，是的，我都知道了，而一切，都是好的。

菩提樹下是空的。我發現，那食攤不知什麼時候早就收了。駝背的老頭也不見了。

蓮花

很多孩子。皮膚黑、眼睛亮的孩子。觀光客還不是這麼多，所以孩子們並不衝著你跑過來，伸出手說：「一美金。給我一美金。」他們自顧自地玩。我看見小學放學，一百多個孩子不整齊地聚攏在操場上，七嘴八舌凌亂地唱歌，我猜是國歌，因為唱完之後，敬禮，兩個小毛頭在司令台上各站一邊，扯動扯動，一面破破的國旗就從那旗杆上慢慢被扯下來了。另一個小毛頭在台上咕嚕咕嚕說了什麼口號，孩子們忽然就轟一下四散。大部分奔向校門口正在等候的家人，小部分留下來，有一開始在操場上追逐，掀起一陣塵土。兩個小男生，爬上了牆頭，面對著老街，有一會兒沒一會兒地說話，踢著腿。

一個更小的男孩，在路邊和哥哥燒木柴。撿出一小節松果大小的燃著星火的柴，手裡拿著一條柳枝，開始抽打那小火球，姿態像那高貴的人在打高爾夫球。兩兄弟就那麼一路追著火球打，打過街去了。

瑯勃拉邦夾在南康河和湄公河交匯的地方，是個半島。小小一個不到三萬人的小鎮，卻有三十多座寺廟。即使聯合國不指定它為文化遺產，你來了，也看得出這小鎮不尋常。從湄公河這一邊，上岸處的石階竟然如此宏偉氣魄，有帝國的架式。低頭專心拾梯直上，一抬頭就看見大廟，黑色的沉潛肅穆，金色的激越燦爛，把激越燦爛織入沉潛肅穆中，美得強烈。

穿過大廟庭院，到南康河岸，河岸石欄竟然還完整。在每一個引向河床的石階入口，都有一枚石雕的蓮花。佛經用來形容蓮花的四個詞，「一香、二淨、三柔軟、四可愛」，我倒覺得適合拿來形容嬰兒，其純潔光明，大概也是一致的。

立在岸上遠眺南康河，對岸樹林濃郁，草木蔥然。水流平靜，在黃昏的柔光裡，像一條發亮的絲帶，汩汩匯入湄公。河床積土上，農人在耕種，漁人在撒網，孩子們在奔跑踢球，幾頭水牛從河裡站了起來，走向沙岸，激起一堆水鳥嘩然而散。我想起《起世經》裡描寫宇宙的起源：

彼諸山中。有種種河。百道流散。平順向下。漸漸安行。不緩不急。無有波浪。其岸不深。平淺易涉。其水清澄。眾華覆上。闊半由旬。水流遍滿。諸河兩岸。有種種林。隨水而生。枝葉映覆。種種香華。種種雜果。青草彌布。眾鳥和鳴。

一個僧人從我身邊走過。

河床上傳來快樂的呼喊，大大小小的孩子們赤腳踢球，激起一陣黃沙。

彼諸山中，有種種河。百道流散。平順向下。漸漸安行。不緩不急。無有波浪。
其岸不深。平淺易涉。其水清澄。

《起世經》是這麼寫的，但是我手上的這本德文書告訴我，這個國家的六百萬人，平均壽命不到五十五歲，一半的孩子們長期營養不良，將近百分之四十的人，沒有學可上，不識字。

另一本書告訴我，在一九六四到一九七三的十年之間，美國的轟炸機飛來這裡五十八萬趟，丟下了兩百萬公噸的火藥，是二戰時轟炸德國的兩倍份量。那時的寮國只有三百多萬人，因此平均每人所「獲得」的火藥量是軍事史上前所未有的。

並沒有人和寮國開戰，是美國為了打越共，便在寮國丟了八千萬個集束彈。稱「集束彈」，好像在說一束花，其實就是一個「母彈」丟下去可以開出十幾個到上百個「子彈」來，散至各處，擴大範圍。一個「子彈」像一個網球那麼大。八千萬個集束彈丟進這蓮花的國度，問題是，百分之十到三十的集束彈不會頓時開炸，而是滾落到森林裡，默默躺在草叢裡，等候戰爭結束，等候十年、二十年、三十年後，農民來除草開墾時，或者孩子們闖來追兔子時，突然爆開。

也就是說，轟炸了十年之後，美國的轟炸機終於在一九七三年走了，但是在寮國的土地上留下了可能高達兩千四百萬枚隨時可以引爆的炸彈。二〇〇三年回頭數的時候，寮人發現，在沒有戰爭的三十年裡，五千七百個人被炸死，五千六百個人被炸傷殘廢。還有大眼睛的水牛，在稻田裡吞了炸彈而爆炸。

遠遠有兩個孩子玩著過來了。是那對兄弟，一人一支柳條，在輪流抽打一個松果大的小火球，跟著火球跑。

慢看

好友從貴州考察回來，印象最深刻的，竟然是這一幕：他看見數十農人耕種，另外有數十農人蹲在田埂上看這數十人耕種，從日出，到日落，日復一日。學者受不了了——難道一批人工作，需要另一批人監督？他跑到田邊去問那蹲著的人：「你們為什麼看他們耕作？」

蹲著的人仍舊蹲著，抽著菸，眼睛仍舊濛濛地看著田裡，用濃重的鄉音說：「就是看呀。」

「為什麼看呢？」

「沒事幹啊！」

學者明白了。一畝地，那幾個人也就夠了，其他的人真的沒活可幹，就到那田埂上，蹲著，可能潛意識裡也是一種「同舟共濟」的表達吧。

蹲著的人們這回轉過頭來，奇怪地看著他，然後問他為何發此問。

香港來的學者倒愣住了。他要怎麼回答呢？說，因為蹲在田埂上什麼也不做，是一種浪費？說：「沒事幹」是是是——是件不可想像的事，因為在香港或台灣或新加坡或美國，每個人一輩子都在努力幹事，「沒事幹」是件……是件可怕的事。

他要怎麼說呢？

於是我想起另一個故事，地點是非洲。一個為紅十字會工作的歐洲人到了非洲某國，每天起床還是維持他的運動習慣：慢跑。

他一面跑，一面發現，一個當地人跑過來，跟著他跑，十分關切地問他：「出了什麼事？」

歐洲人邊喘息邊說：「沒出事。」

非洲人萬分驚訝地說：「沒出事？沒出事為什麼要跑？」

這個歐洲人當場傻了。他要怎麼解釋？因為他總是坐在開著冷氣或暖氣的辦公室裡頭一個開著的電腦前面，他的皮膚很少被陽光照到，他的手很嫩、肩膀很僵硬、腰很酸，因為沒有身體的勞動，因此他必須依靠「跑步」來強制他的肌肉運動？他是不是要進一步解釋，歐洲人和非洲人，因為都市化的程度不同，所以生活形態不同，所以「跑步」這個東西，呃……不是因為「出了事」。

好友在說貴州人蹲一整天沒事幹，就是抽著煙望向漠漠的田地時，我發現自己的靈魂悠然走神，竟然嘆息起來，說：「就是蹲在田埂上看田，唉，真好。」

我知道，我在嚮往一個境界。

慢的境界。

我想有一個家，家前有土，土上可種植絲瓜，絲瓜沿竿而爬，迎光開出巨朵黃花，花謝結果，纍纍棚上。
我就坐在那黃泥土地上，看絲瓜身上一粒粒突起的青色疙瘩，慢看……

和華飛走東南亞十五天，出發前就做好了心理調適：慢。

當你到了碼頭，沒有一個辦公室貼著時刻表，也沒有一個人可以用權威的聲音告訴你幾點可以到達終點，你就上船，然後就找一條看起來最舒服的板凳坐下來，帶著從此在此一生一世的心情。你發現你根本不去想何時抵達，連念頭都沒有。你看那流動的河，靜默卻顯然又隱藏著巨大的爆發力，你看那沙灘上曬太陽的灰色的水牛，你看孩子們從山坡上奔下來，你看陽光在蘆葦白頭上刷出一絲一絲的金線，你看一個漩渦的條紋，一條一條地數……

從瑯勃拉邦到吳哥窟的飛機，突然說延誤三個小時，人們連動都不動一下。因為預期就是這樣，於是你閒適地把機場商店從頭到尾看一遍，把每一個金屬大象，每一盒香料，每一串項鍊，每一條絲巾，都拿到手上，看它、觸它、嗅它、感覺它。反正就是這樣，時間怎麼流都可以。任何一個時刻，任何一個地方，都是安身立命的好時刻，好地方。

我想有一個家，家前有土，土上可種植絲瓜，絲瓜沿竿而爬，迎光開出巨朵黃花，花謝結果，纍纍棚上。我就坐在那黃泥土地上，看絲瓜身上一粒粒突起的青色疙瘩，慢看……

III　滿山遍野茶樹開花

其實不是鞋，是布。布，剪成腳的形狀，一層一層疊起來，一針一針縫進去，
縫成一片厚厚的布鞋底。原來或許有什麼花色已不可知，你看它只是一片褪色的洗白。

幽冥

「爸爸，是我。你今天怎麼樣？」

「牙齒痛。不能吃東西。」

「有沒有出去走路呢？昨晚睡得好不好？」

你每晚作夢，一樣的夢。

不知道是怎麼來到這一片曠野的。天很黑，沒有星，辨別不出東西南北。沒有任何一點塵世的燈光能讓你感覺村子的存在。夜晚的草叢裡應該有蟲鳴，側耳聽，卻是一片死寂。你在等，看是不是會聽見一雙翅膀的振動，或者蚯蚓的腹部爬過草葉的窣窣聲，也沒有。夜霧涼涼的，試探著伸手往虛空裡一抓，只感覺手臂冰冷。

一般的平原，在盡處總有森林，森林黝黑的稜線在夜空裡起伏，和天空就組成有暗示意義的構圖，但是今天這曠野靜寂得多麼蹊蹺，聲音消失了，線條消失了，天空的黑，像一窪不見底的深潭。範圍不知有多大，延伸不知有多遠，這曠野，究竟有沒有邊？

眼睛熟悉了黑暗，張開眼，看見的還是黑暗。於是把視線收回，開始用其他的感官去探索自己存在的位置。張開皮膚上的寒毛，等風。風，倒真的細細微微過來了。風拂著你仰起的臉頰。你閉著眼努力諦聽：風是否也吹過遠處一片玉米田，那無數的綠色闊葉在風裡晃蕩翻轉，刷刷作響，聲音會隨著風的波動傳來？那麼玉米田至少和你同一個世代同一個空間，那麼你至少不是無所依附幽邊在虛無大氣之中？

可是一股森森的陰冷從腳邊繚繞浮起，你不敢將腳伸出即使是一步——你強烈地感覺自己處在一種傾斜的邊緣，深淵的臨界，曠野不是平面延伸出去而是陡然削面直下，不知道是怎麼來到這裡的，甚至退路在哪裡，是否在身後，也很懷疑，突然之間，覺得地，在下陷……

你一震，醒來的時候，仍舊閉著眼，感覺光刺激著眼瞼，但是神智恍惚著，想不起自己是在哪裡？哪一個國家，哪一個城市，自己是在生命的哪一段——二十歲？四十歲？做什麼工作，跟什麼人在一起？開始隱約覺得，右邊，不遠的地方，應該有一條河，是，在一個有河的城裡。你慢慢微調自己的知覺，可是，自己住過不只一個有河的城市——河，從哪裡來？

意識，自遙遠、遙遠處一點一點回來，像一粒星子從光年以外，回來得很——慢。睜開眼睛，向有光的方向望去，看見窗上有防盜鐵條，鐵條外一株芒果樹，上面掛滿了青皮的芒果。一隻長尾大鳥從窗前掠過，翅膀閃動的聲音讓你聽見，好像默片突然有了配音。

你認得了。

繳械

「爸爸，是我。今天怎麼樣？做了什麼？」

「在寫字。禮拜天你回不回來吃飯？」

「不行呢，我要開會。」

你說：「爸爸，把鑰匙給我吧？」

他背對者你，好像沒聽見。抱著一個很大的塑膠水壺，水的重量壓得他把腰彎下來。幾盆蘆薈長得肥厚油亮，瘦瘦的香椿長出了茂盛的葉子。

本來要到花市去買百合的，卻看見這株孤伶伶不起眼的小樹，細細的樹幹上長了幾片營養不良的葉子，被放在一大片豔紅駭紫的玫瑰和菊花旁邊，無人理會。花農在一塊硬紙板上歪歪斜斜地寫了兩個字，「香椿」。花市喧聲鼎沸，人貼著人，你在人流中突然停住腳步，凝視那兩個字。小的時候，母親講到香椿臉上就有一種特別的光彩，好像整個故鄉的回憶都濃縮在一個植物的氣味裡。原來它就長這樣，長得真不怎麼樣。百合花不買了，叫了輛計程車，直奔桃園，一路捧著那盆營養不良的香椿。

「不要再開了吧？」

他仍舊把背對著你，陽台外強烈的陽光射進來，使他的頭髮一圈亮，身影卻是一片黑，像輪廓剪影。他始終彎著身子在澆花。

八十歲的人，每天開車出去，買菜，看朋友，幫兒子跑腿，到郵局領個掛號包裹。每幾個月就興致勃勃地嚷著要開車帶母親去環島。動不動就說要開車到台北來看你，你害怕，他卻興高采烈，「走建國高架，沒有問題。我是很注意的，你放心好了。」沒法放心，你坐他的車，兩手緊抓著手環不放，全身緊繃，而且常常閉住氣，免得失聲驚叫。他確實很小心，整個上半身幾乎貼在駕駛盤上，脖子努力往前伸，全神貫注，開得很慢，慢到一個程度，該走時他還在打量前後來車；人家以為他不走了，他卻突然往前衝。一衝就撞上前面的摩托車，一個菜籃子摔了下來，番茄滾了一地，被車子輾過，一地爛紅。

再過一陣子，聽說是撞上了電線桿。母親在那頭說：「嚇死哩人嘍。你爸爸把油門當做煞車你相不相信！」車頭撞扁了，一修就是八萬塊。又過了幾個月，電話又來了；他的車突然緊急煞車，為了閃避前面的砂石卡車。電話那一頭不是「嚇死哩人嘍」的母親；母親已經在醫院裡——煞車的力道太猛，她的整個手臂給扭斷了。

兄弟們說：「你去，你去辦這件事。我們都不敢跟他開口。爸爸只聽女兒的話。」

黃昏的光影透過紗門薄薄灑在木質地板上，客廳的燈沒開，室內顯得昏暗，如此的安靜，你竟然聽見牆上電鐘窣窣行走的聲音。

他坐在那片黃昏的陰影裡，一言不發，先遞過來汽車鑰匙，然後把行車執照放在茶几上，你的面前。

「要出門就叫計程車，好嗎？」你說：「再怎麼坐車，也坐不到八萬塊的。」

他沒說話。

你把鑰匙和行車執照放在一個大信封裡，用舌頭舔一下，封死。「好嗎？」你大聲地再問，一定要從他嘴裡聽到他的承諾。

他輕輕地說：「好。」縮進沙發裡，不再作聲。

你走出門的時候，長長舒了口氣，對自己有一種滿意，好像剛剛讓一個驍勇善戰又無惡不作的游擊隊頭子和平繳了械。

你不知道的是，一輩子節儉、捨不得叫計程車的他，從此不再出門。

「禮拜天可不可以跟我去開同學會？」他突然在後面大聲對你說，隔著正在徐徐關上的鐵門。鐵門「匡噹」一聲關上，你想他可能沒聽見你「沒時間」的回答。

年輕過

「爸爸是我，吃過飯了嗎？」

「吃不下。」

「不管吃不吃得下，都要吃啊。你瘦了很多。」

祕書遞過來一張小紙條：「議會馬上開始，要遲到了。」可是，信箱裡有十八歲的兒子的電郵，你急著讀：

媽，我要告訴你今晚發生的事情。

我今晚開車到了朋友家，大概有十來個好朋友聚在一起聊天。快畢業了，大家都特別珍惜這最後的半年。我們剛剛看完一個電影，吃了叫來的「披薩」，杯盤狼藉，然後三三兩兩坐著躺著說笑。這時候，我接到老爸的電話——他劈頭就大罵：「他媽的你怎麼把車開走了？」

自從拿到了駕照之後，我就一直在開家裡那輛小吉普車，那是我們家多出來的一輛車。我就說：「沒人說我不可以開啊。」他就說：「我有沒有跟你說過晚上不准開車？我有沒有跟你說過你經驗不足，晚上不准開車？」我就說：「可是我跟朋友的約會在城裡，十公里路又沒巴士，你要我怎麼去？」他就更生氣地吼：「把車馬上給我開回家。」我很火，我說：「那你自己過來城裡把車開回去！」

他一直在咆哮，我真受不了。

當然，我必須承認，他會這麼生氣是因為——我還沒告訴過你，兩個月前我出了一個小車禍。我倒車的時候擦撞了一輛路旁停著的車，我們賠了幾千塊錢。他因此就對我很不放心。我本來就很受不了他坐在我旁邊看我開車，兩個眼睛盯著我每一個動作，沒有一個動作他是滿意的。現在可好了，我簡直一無是處。

可是我是小心的。我不解的是，奇怪，難道他沒經過這個階段嗎？難道他一生下來就會開車上路嗎？他年輕的時候甚至還翻過車——車子衝出公路，整個翻過來。他沒有年輕過嗎？

我的整個晚上都泡湯了，心情惡劣到極點。我覺得，成年人不記得年輕是怎麼回事，他們太自以為是了。

祕書塞過來第二張紙條：「再不出發要徹底遲到了，後果不堪設想。」你匆忙地鍵入「回覆」：

孩子，原諒他，凡是出於愛的急切都是可以原諒的。我要趕去議會，晚上再談。

議會裡，一片硝煙戾氣。語言被當作武器來耍，而且都是狼牙棒、重錘鐵鍊之類的凶器。你在抽屜裡放一本《心經》，一本《柏拉圖談蘇格拉底》，一本《莊子》；你一邊閃躲語言的錘擊，一邊拉開抽屜看經文美麗的字：

……是諸法空相　不生不滅　不垢不淨　不增不減　是故空中無色　無受想行識　無眼耳鼻舌身意　無色聲香味觸法　無眼界　乃至無意識界　無無明　亦無無明盡　乃至無老死　亦無老死盡　無苦集滅道　無智亦無得……

深呼吸，你深深呼吸，眼睛看這些藏著祕密的美麗的字，不生不滅不垢不淨，你就可以一葦渡過。可是粗暴的語言、轟炸的音量，像裂開的鋼絲對脆弱的神經施以鞭刑。你焦躁不安。

這時候，電話響起，一把搶過聽筒，以為十萬火急的資料已經送到，你急促不耐幾近凶悍地說「喂」——那一頭，卻是他悠悠的湖南鄉音說：「女兒啊，我是爸爸——」慢條斯理的，是那種要細細跟你聊一整個下午傾訴的語調，你像惡狗一樣對著話筒吠出一聲短促的「怎麼樣，有事嗎？」

他被嚇了回去，語無倫次地說：「這個——這個禮拜天——可不可以——我是說，可不可以同我去參加憲兵同學會？」

你停止呼吸片刻——不行，我要精神崩潰了，我無眼耳鼻舌身意無色聲香味觸法——然後把氣徐徐吐出，調節一下心跳。好像躲在戰壕裡注視從頭上呼嘯而來的砲火，你覺得口喉乾裂，說不出話來。

那一頭蒼老的聲音，怯怯地繼續說：「幾個老同學，憲兵學校十八期的，我們一年才見一次面。特別希望見到我的女兒，你能不能陪爸爸去吃個飯？」

女人

「爸爸是我，今天好嗎？」

「好啊。」

「有出門嗎？可以叫計程車啊。你可不可以不要省錢？」

牽著媽媽的手，逛街。她很抗拒，說：「街上人這麼多——」

「你就是要習慣跟這麼多人擠來擠去，媽媽，你已經窩在家裡幾年了，見到什麼都怕。你要出來練習練習，重新習慣外面的世界。不然，你會老得更快，退縮得更快。」你邊說，邊意識到，自己愈來愈像個社工輔導員。

她緊緊抓著你的手。

地鐵站裡的手扶電梯「嚓嚓嚓嚓」地滾動，你才發現那速度有多快；你一手環著她的腰，一手緊抓她的手，站在入口處，如臨深淵，看準了不會踩空的一階，趕忙帶她踏上。「嚓嚓嚓嚓」像一列上了刺刀、跑步中的軍隊。地鐵站裡萬人攢動，每個人都在奔忙趕路，她不停地說：「人這麼多，人這麼多……」

坐下來喝杯涼茶，你說：「帶你回杭州老家好嗎？」

「不去，」她說：「他們都死了，去幹什麼呢？」

「那個表妹也死了嗎？」

「死了。她還比我小三歲。都死了。」

那個「都」字，包括一起長大的兄弟姊妹，包括情同姊妹的丫頭，包括紮辮子時的同學，包括所有喚她小名的同代同齡人。

「那麼去看看蘇堤白堤，看看桃紅柳綠，還可以吃香椿炒蛋，不是很好嗎？」

她淡淡地看著你，眼睛竟然亮得像透明的玻璃珠，幽幽地說：「你爸爸走了，這些，有什麼意思呢？」

那麼我們去香港，去深圳。我們去買衣服？

你開始留意商店，有沒有，專門賣適合八十歲婦人的衣服？有沒有，專門想吸引這個年齡層的商店？有沒有，在書店裡，一整排大字體書，告訴你八十歲的人要如何穿，如何吃，如何運動，如何交友，如何與孤獨相處，如何面對失去，如何準備……自己的告別？有沒有電影光碟，一整排列出，主題都是八十歲人的悲歡離合，是的，八十歲女性的內心世界，她的情和欲、她的愛和悔、她的時光退不去的纏綿、她和時光的拔河？有沒有這樣的商店、這樣的商品，你可以買回去，晚上和她共享？

經過鞋店，她停下腳，認真地看著櫥窗裡的鞋。你鼓勵她買雙鞋，然後發現，她指著一雙俏麗的高跟鞋。

「媽，你年紀大，有跟的鞋不能穿了，會跌倒。老人家不能跌倒。」

「喔——」

她又拿起一隻鞋，而且有點不捨地撫摸尖尖的鑲著金邊的鞋頭。

「媽，」你說，「這也是有跟的，不能啦。」

她將鞋放下。

你挑了一雙平底圓頭軟墊的鞋，捧到她面前。

她堅決地搖頭，說：「難看。」那不屑的表情，你很久沒看到過了，也因此讓你忽然記得，是啊，她曾經多麼愛美。皮膚細細白白的杭州姑娘和你並肩立在梳妝鏡前，她摸著自己的臉頰，看著自己，看著你，說：「女兒，你看我六十五歲了，還不難看吧？」

「不難看。你比我還好看呢——老妖精。」

她像小姑娘一樣笑，「女兒，給你買了一樣東西。」她彎腰從抽屜裡拿出一個沒開封的盒子，放在你手裡，「你一定要吃。」

你看那粉紅色的紙盒，畫著一個嬌嬈裸露的女人，臉上一種曖昧的幸福。你不可置信地看著她，她正對你瞇瞇微笑，帶著她所有的慈愛。「仙桃丸」，是隆乳的藥。

「你那裡太平了嘛！」她說。

你想脫口而出「神經病啊你」，突然想到什麼轉而問，「那你……你吃這個啊？」

又回到人流裡，你開始看人。你在找，這滿街的人，有多少是她的同代人？睜大眼睛看，密切地看。沒有，走過一百個人也不見得看見一個八十歲的人走在其中。想到自己到西門町的感覺，在那裡，五十歲的你覺得自己格格不入是異類，或者說，滿街都是「非我族類」。那麼她呢？不只一個西門町，對她，是不是整個世界都已經被陌生人佔領，是不是一種江山變色，一種被迫流亡，一種完全無法抵抗的放逐，一種祕密進行的、決絕的眾叛親離？

經過電影院，你仔細看那上演中和即將放映的片子——有沒有，不是打打砸砸，不是同性戀或間諜，不是外星毀滅計畫或情仇謀殺，而是既簡單又深沉，能讓八十歲的人不覺得自己被世界「刪除」掉的片子？有沒有？

「回去吧。」她突然說。

「不行，」你一直牽著她的手，現在，你轉過頭來注視她，「一定要給你買到一件你喜歡的衣服和鞋子我們才回去。」

「都死了。」

「誰？誰都死了？」

「我那些同學，還有同鄉，周褒英、趙淑蘭、余葉飛，還有我名字想不起來的……」

為什麼，你問她，為什麼，在紅塵滾滾的香港鬧街上，突然想起這個？

「沒有辦法，」她聲音很輕，幾乎聽不見，「就是沒有辦法。」

一群中學女生嘰嘰喳喳、推來擠去地鬧著，在一個賣串燒的小攤前。一個身材特別高䠷的正在統籌，數著誰要吃什麼，該付多少錢。有人講了什麼話，引起一陣誇張的爆笑和推擠。你很驚訝：香港竟還有女學生制服是藍色的陰丹士林旗袍，腳上穿著白襪布鞋。

假牙

「喂——吃過飯嗎？」

「聽見嗎？聽見我說話嗎？我是你女兒——」

「我說，你—吃—過—飯—嗎？是不是聽筒拿倒了你？」

「你的假牙呢？」

她拿下了假牙，兩頰癟下來，嘴唇縮皺成一團。原來，任何沒了牙齒的人，都長得一樣：像一個放得太久沒吃的蘋果，佈上一層灰還塌下來皺成一團，愈皺愈縮。而且不管男的女的，牙齒卸下來以後，長像都變得一樣，像童話裡的女巫。

她很靦覥地，如同一個被發現偷了錢的小孩，將假牙從衣服口袋裡拿出來攤在手心，讓你檢查。

瑪麗亞在一旁說：「她用刀子去砍假牙。」

你傻了。

「她說，」瑪麗亞的國語有印尼腔，「假牙痛，不俗服，所依就拿剪刀去銼，還拿刀子去砍。假牙不好，她要修假牙。」瑪麗亞氣氣的，有點當面告狀的意思。

你說：「把假牙交給我，我來處理。」她不好意思地笑著，溫馴地將假牙放在你手裡。

「假牙不舒服的話，要醫生去修，自己不能動手的。好嗎？」

她已經走到陽台，兀自坐在白色的鐵椅上，面朝著淺藍色的大海；從室內看出去，她的身影是黑的，陽光照亮了一圈她的頭髮。

她走路那麼輕，說話那麼弱，對你是新鮮的事。記憶中，任何時候、任何場合，她總是那個笑得最大聲，動作最誇張的一個。少女時代，你還常因為她太「放肆」、太「野」，而覺得「挺丟臉的，這樣的媽。」她笑，是笑得前仰後闔，笑得直拍自己的大腿，笑得把腳懸空亂踢，像個「瘋婆子」一樣。也因為她的「野」，你和她說話有一種特殊的自由。那一年，她拿了你新出的小說過來，邊搖頭邊說：「女兒啊，你這一本書，我是不敢送給朋友的。」

「嗄，為什麼？」

她打開書，指著其中一頁，說：「喏，你自己讀讀看——」

　街口，和往常一樣，坐著三兩個流浪漢……其中一個頭髮髒成一團的人岔開腿歪坐在地上。褲子顯然已沒有拉鍊，我不得不瞥見他的毛髮和陽具……馬匹經過眼前，滾動著一股氣味，是乾草和馬汗的混合吧？倒有點像男人下體毛髮的氣味，說不上是好聞還是不好聞……

「怎麼會寫這種東西？」她想想，又認真地說：「你怎麼知道『辣裡』——『辣裡』是什麼氣味？」杭州音，「那」是「辣」。

你也很認真地回答：「媽，你不知道『那裡』——『那裡』是什麼氣味？」

她笑了，大笑，笑得嗆到了，斷斷續續說：「神經病！我喇裡曉得『辣裡』有什麼氣味。我是良家婦女。」

你等她笑停了，很嚴肅地看著她，說：「媽，你到七十歲了還不知道『辣裡』什麼氣味，確實有點糟。」你執起她的手，一本正經地說：「但是別慌，現在還來得及。」

「要死了——」她笑著罵你，而且像小女生一樣拍打你；很大聲地笑，很凶悍地拍打。

同學會

「是我，爸爸。今天好嗎？什麼痛？」
「腳痛，忍不住吃雞，痛風又發了。」
「不是知道不能吃雞嗎？媽媽不是不准你吃嗎？你偷吃的是吧？」

即使八十歲了，即使不穿軍服了，還是看得出階級。那被尊稱為「將軍」的，被拱到上位，腰桿兒挺直地坐下，人們不停地去向他敬酒；他坐著，敬酒的人站著，可能還歪歪地拄著枴杖。將軍的臉上和別人一樣，滿佈黑斑，但是眉宇間畢竟有幾分矜持。

接到你電話說你已上路，他就摸著扶手顫顫危危下了樓來，站在飯店門口守候。遠遠看見你的座車，他就高舉一隻手臂，指揮司機的動線。下車時你告訴司機，「把公文帶回府，兩點準時來接我。」話沒說完，他已經牽著你的手，準備帶你上樓。你曾經很婉轉地對他說：「我四十歲了，你不必牽我的手過街。」他說「好」，到了過街，他的手又伸了過來。後來你又很嚴肅地告訴他：「我已經五十歲了，你真的不必牽我的手過街。」他說「好」，到了過街，手又伸了過來。他的手，肥肥短短厚厚的，很暖。

然後有一天，一個個兒很高、腿很長很瘦的年輕人，就在那光天化日人來人往的大街上，很認真地對你說：「我已經十八歲了，你真的應該克制一下要牽我手過街的反射衝動。」

你當場愣在那裡，然後眼淚巴巴流下，止不住地流。兒子頓時覺得丟臉極了，大步竄過街到了對岸，兩手抄在褲袋裡，盯自己的腳尖，一副和你毫不相干的樣子。你被擁擠的車流堵在大街中線，隔著一重又一重的車頂遠遠看著對街兒子陽光下的頭髮，泛出一點光。你曾經怎樣愛親吻那小男孩的頭髮啊。他有那種聖誕卡片上常畫的穿著睡衣跪著祈禱的小男孩的頭型，天使般的臉頰，聞起來有肥皂清香的頭髮，貼著你的肩膀睡著時，你的手環著他圓滾滾的身體，覺得天地之大，幸福也不過就是懷抱裡這小小的溫柔。

就在那車水馬龍一片滾動喧囂中，你彷彿看見無邊無際的空曠和荒涼，灰塵似地，自四面八方鬼魅般緩緩升起，漸漸聚攏。

司機把你在座車裡批完的公文放進一個提袋，將車開走。你像綿羊一樣讓他牽著你的手，一步一步上樓去。

他很興奮。這是第一次，你出現在他的同學面前。「將軍」站起來和你敬酒——你趕忙求他坐下，心想，他為家國出生入死的時候，你還沒出世呢。「團長」要你一本簽名的書，「陳叔叔」要和你討論《資治通鑑》以及今天的權力局勢。一圈酒敬下來，你問他：「怎麼潘叔叔今天沒來？」

潘叔叔曾是英雄，在共軍圍城的緊急中救了一城的父老。

「中風了，」他說，「臉都歪了。也不能走路。」

一個老人被人扶著過來敬酒，你趕忙站起來，而且傾過身去，想聽懂老人在對你說什麼，但是他口齒含混，你完全聽不懂。

再度坐下來，發現自己碗中像小山一樣堆滿了肉——你曾經多麼痛恨這湖南鄉土的飲食習慣，一定要夾菜給別人，強迫進食，才算周到。你瞪了父親一眼，發現他正在咕噥咕噥說什麼，聽了一會兒，才知道他在說剛剛那個口齒不清的老人。「當年可是我們學校的才子，會寫詩，會唱歌，也很能帶兵。現在很可憐，聽說兒子還打他，打了跌在地上，骨頭都跌斷了。老同學也不曉得要怎麼幫忙。」你抬眼去追看那「才子」，老人已在右邊一張桌子坐下，吃著東西，弓著背，頭垂得很低，幾乎碰到桌沿的飯碗。「他叫什麼名字？」你問。

有人拿了一本《湖南文獻》過來，說：「這裡有我的一首詩，請您指教。」你又趕忙站起來，恭敬地接過雜誌。父親雙手舉著酒杯，說：「學長的詩，那還用說嗎？小女只有學習的份，哪裡談得上指教呢？」他的志得意滿，實在掩藏不住。每一個謙虛的詞，其實都是最誇張的炫耀。你忍耐著。

學長走了，他又夾了一塊蹄膀肉到你滿得不能再滿的碗裡，說：「你記不記得〈滕王閣序〉？」

「記得。」

「我們的才子也叫王勃。」

關山難越

「爸爸是我。喂——今天好嗎？」

……

「今天好嗎？你聽見嗎？你聽見嗎？說話呀——」

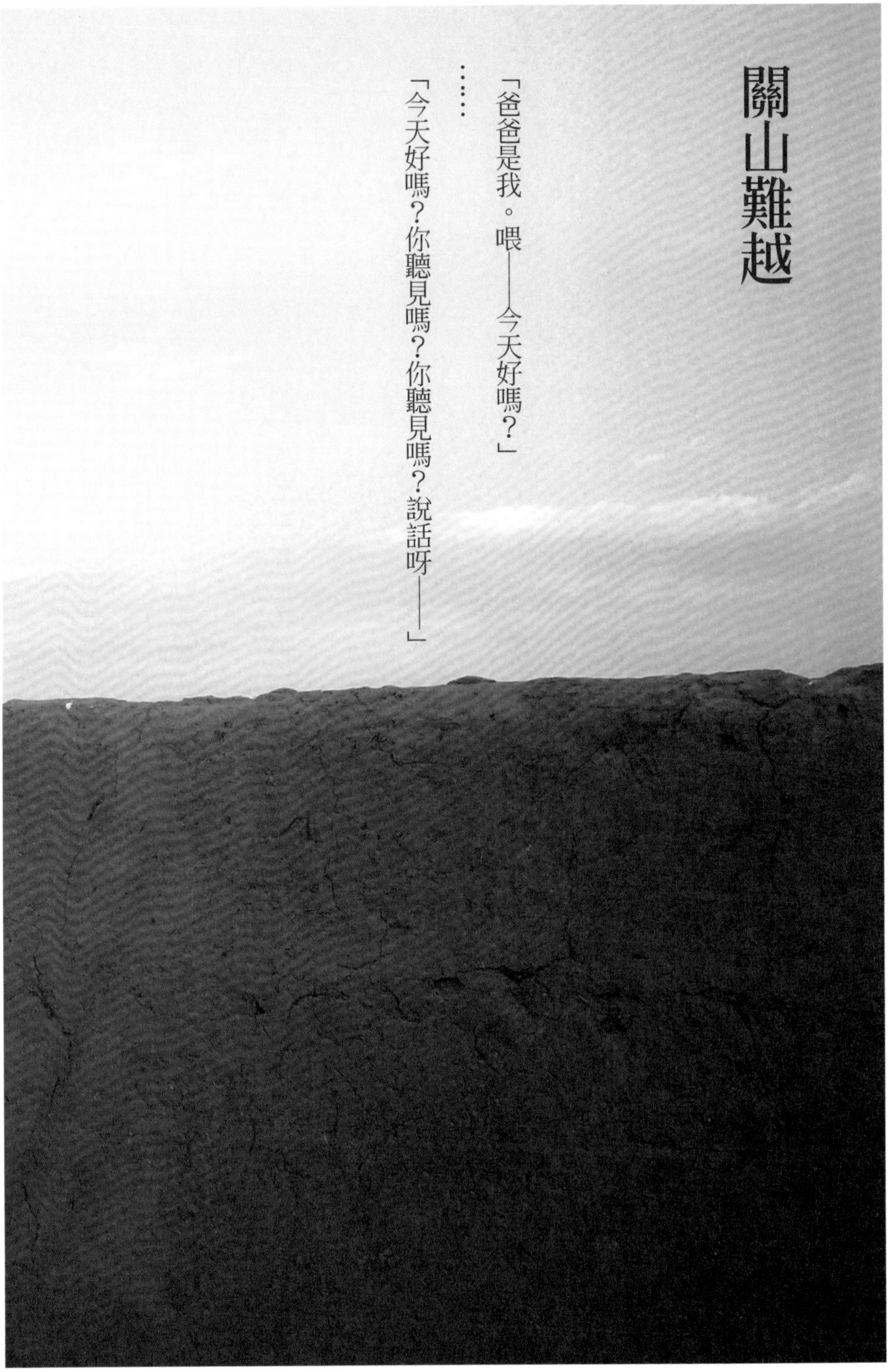

他念詩，用湘楚的古音悠揚吟哦：月落烏啼霜滿天，江楓漁火對愁眠。他考你背誦：

> 天高地迥，覺宇宙之無窮；興盡悲來，識盈虛之有數……關山難越，誰悲失路之人？萍水相逢，盡是他鄉之客。

他要你寫毛筆字，「肘子提起來，坐端正，腰挺直」：

> 鵬之徙於南冥也，水擊三千里，摶扶搖而上者九萬里，去以六月息者也。……野馬也，塵埃也，生物之以息相吹也。天之蒼蒼，其正色邪？其遠而無所至極邪？其視下也，亦若是則已矣。

十二歲的你問，「野馬」是什麼？「塵埃」是什麼？是「野馬」奔騰所以引起「塵埃」，還是「野馬」就是「塵埃」？

他說，那指的是生命，生命不論如何輝煌躍動，都只是大地之氣而已，如野馬，如塵埃。但是沒有關係，你長大了就自然會懂。

他要你朗誦〈陳情表〉。你不知道為什麼，但是你沒多問，也沒反叛，因為，短髮粗裙的你，多麼喜歡字：

臣密言：臣以險釁，夙遭閔凶。生孩六月，慈父見背；行年四歲，舅奪母志。祖母劉愍臣孤弱，躬親撫養。臣少多疾病，九歲不行，零丁孤苦，至於成立……煢煢獨立，形影相弔。而劉夙嬰疾病，常在床蓐。臣侍湯藥，未曾廢離……

他坐在一張破籐椅中，穿著一件白色汗衫，汗衫洗得稀薄了，你想「襤褸」大概就是這個意思。天熱，陳舊的電風扇在牆角吹，嘎拉嘎拉好像隨時會解體散落。他用濃重的衡山鄉音吟一句，你用標準國語跟一句。念到「煢煢獨立，形影相弔」，他長嘆一聲，說，「可憐可憫啊，真是可憐可憫啊。」

然後，他突然要你把那隻鞋從抽屜裡取出來給他。

其實不是鞋，是布。布，剪成腳的形狀，一層一層疊起來，一針一針縫進去，縫成一片厚厚的布鞋底。原來或許有什麼花色已不可知，你看它只是一片褪色的洗白。太多次，他告訴你這「一隻鞋底」的來歷，你早已沒興趣。反正就是砲火已經打到什麼江什麼城了，火車已經不通了，他最後一次到衡山腳下去看他的母親，他說「愛己」——湖南話稱奶奶「愛己」，你「愛己」正在茶樹林裡撿柴火。臨別時，在泥濘的黃土路上，「愛己」塞了這隻鞋底進他懷裡，眼淚漣漣地說，買不起布，攢下來的碎布只夠縫一隻鞋底。「兒啊，你要穿著它回來。」

他掏出手帕，那種方格子的綿布手帕，折疊得整整齊齊的，坐在那籐椅裡，開始擦眼睛，眼淚還是滴在那隻灰白的布鞋底上。

你推算一下，自己十二歲，那年他才四十六歲，比現在的你還年輕。離那戰爭的恐慌、國家的分裂、生離和死別之大慟，才十四年。穿著布鞋回家看娘的念頭，恐怕還很認真很強烈。你記得，報紙上每天都有「尋人啟事」，妻子找丈夫，父母尋子女；三天兩頭有人臥軌自殺，報導一概稱為「無名屍體一具」。

他是不是很想跟你說話呢，在他命你取鞋的時候？突然又靜默下來，是不是因為他看見了你幼稚兼不耐的眼神？

白天的他，穿著筆挺的呢料警官制服，英氣勃勃地巡街。熟人聚集的時候，總會有人問母親當年是否因為他如此英俊而嫁給他，母親就斜眼睨著他，帶幾分得意，「是啊，他是穿著高筒皮靴，騎著馬來到杭州的。到了我家的綢布莊，假裝買東西，跟我搭訕……」他在一旁笑，「那個時候，想嫁給我的杭州小姐很多呢……」

鄉下的街道充滿了生活的瑣碎和甜蜜。商店裡琳琳琅琅的東西滿到街上來，小販當街燒烤的魷魚串、老婆婆曬太陽的長條板凳、大嬸婆編了一半的魚網漁具、賣冬瓜茶和青草茶的大桶，擠擠挨挨佔據著村裡唯一的馬路。有時候，幾頭黑毛豬搖搖擺擺過來，當街就軟軟趴下來曬太陽。龐大的客運巴士進村時，就被豬群堵在路中。你看見他率領著幾個警員，吆喝著人們將東西靠邊。時不時有人請他進去喝杯涼茶。你不知道他怎麼和鄉民溝通，他的閩南語不可能有人聽懂，他的國語也常讓人聽了發笑。他的湖南音，你聽著，卻不屑學。你學的是一口標準國語，那種參加演講比賽的國語。

晚上，他獨自坐在日式宿舍的榻榻米上，一邊讀報，一邊聽《四郎探母》，總是在那幾句跟唱：「我好比籠中鳥，有翅難展；我好比虎離山，受了孤單；我好比淺水龍，困在了沙灘……」。絃樂過門的時候，他就「得得了啷噹」跟著哼伴奏，交疊的腿一晃一晃打著節拍。《四郎探母》簡直就是你整個成長的背景音樂，熟習它的每一個字、每一個音，但是你要等候四十年，才明白它的意思。

會不會，當「愛己」將布鞋塞進他懷裡的時候，他也是極其不耐的呢？會不會，他也要過數十年，白山黑水艱辛涉盡，無路可回頭的時候，他也才驀然明白過來？

你要兩個在異國生長的外孫去親近爺爺，討爺爺歡心。兩兄弟不甘願地說，「我們跟他沒有話說啊。而且，他不太說話了。」是啊，確實不知什麼時候開始的，他走路的步子慢了，一向挺直的背脊有點兒駝了，話，越來越少了。坐在沙發上，就溶入模糊的背景裡。奇怪，他的失語，何時開始的？顯然有一段時候了，你竟然沒發現。

這樣，你說，你們兩個去比賽，誰的話題能讓「也爺」把話盒子打開，誰就贏一百塊。

老大懂得多，一連拋出幾個題目想引他說話，他都以單音節回答，「嗯」。「好」。「不錯」。

你提示老大，「問他的家鄉有什麼。」老大說：「也爺你的家鄉有什麼？」他突然把垂下的頭抬起來，說：「有……油茶，開白色的花，油茶花。」

「還有呢？」

「還有……蜥蜴。」

「什麼？蜥蜴？」兩個孩子都豎起了耳朵，「什麼樣的蜥蜴？變色龍嗎？」

「灰色的，」他說，「可是背上有一條藍色的花，很鮮的藍色條紋。」

他又陷入沉默，不管孩子怎麼挑逗。

你對老二使一個眼色，附在他耳邊悄聲說：「問他，問他小時候跟他媽怎麼樣——」。

老二就用脆脆的童音說：「也爺，你小時候跟你媽怎樣啊？」

「我媽媽？」他坐直，聲音也亮了一點，「我告訴你們聽啊——」

孩子們發現奏效了，瞅著你偷笑，腳在桌子底下你一腳我一腳，踹來踹去。

「有一天，我從學校回家，下很大的雪——從學校回家要走兩個小時山路。雪很白，把我眼睛刺花了，看不見。到家是又冷又餓，我的媽媽端給我一碗白米飯——」他站了起來，用身體及動作示意他和媽媽的位置。

孩子們笑翻了，老大壓低聲音抗議，「不行，一百塊要跟我分，媽媽幫你作弊的——」

「我接過媽媽手裡的飯碗，想要把碗放在桌上，可是眼睛花了，沒有想到，沒放到桌上，『空』的一聲碗打到地上破掉了，飯也灑在地上了。」

老二正要回踢哥哥，被他哥哥嚴厲地「噓」了一聲要他安靜；「也爺」正流著眼淚，哽咽地說：「我媽媽好傷心喔。她不知道我眼花，她以為我嫌沒有菜，只有飯，以為我生氣所以把碗打了。她自己一整天凍得手都是紫青色的，只能吃稀飯，乾飯留給我吃，結果呢，我把唯一的一碗飯打在地上。她是抱頭痛哭啊……」

他泣不成聲，說：「我對不起我媽——」

孩子們張大眼睛看著你，不知所措。

他慢慢坐回沙發，低頭擦著眼角。你起身給他倒了一杯溫開水，說：「爸爸，你教孫子們念詩好不好？」說完又被自己的聲音嚇一跳，怎麼這麼大聲。

一陣奇怪的沉默之後，他突然說：「好啊，就教他們『白日依山盡』吧？」

老子

「爸爸是我。今天好不好？」

「我說，你今天好──不──好？」

「媽，他說什麼？為什麼我聽不懂他說什麼？他怎麼了？」

「老師要我做一個報告，介紹老子。媽，你知道老子嗎？」

你驚訝。十三歲的歐洲小孩，老師要他們懂老子？

「知道啊。媽媽的床頭就有他的書。」

「嗄？怎麼這麼巧？」孩子的聲音已經變了，在越洋電話裡低沉得像牛蛙在水底咳嗽的那種聲音，「那老子是真正的有名嘍?!」

「對啊，」你伸手去拿《道德經》，「三千年來都是暢銷作家啊。」

「難怪啊，在德文網絡上我已經找到八千多條跟『老子』有關聯的……」

你趴在床上，胸前壓著枕頭，一手抓著話筒，開始用中文輔以德語對孩子解釋「天下莫柔弱於水，而攻堅強者莫之能勝，以其無以易之。柔之勝剛，弱之勝強，天下莫不知。」

每天的「萬里通話」要結束了，孩子突然說：「喝牛奶了沒有？」

「嗯？」你沒會意，他又說：「刷了牙嗎？」

你說，「還沒——」他打斷你：「功課作了嗎？有沒有吃維他命？電視有沒有看太多？衣服穿得夠不夠？」

你聽得愣住了，他說：「媽，你沒交什麼壞朋友吧？」

電話裡有一段故意的留白，你忽然明白了，大聲地抗議：「你很壞。你在教訓媽。」

孩子不懷好意地嘿嘿地笑：「我只是以其人之道還治其人。一年三百六十五天，你每天打電話就是這樣問我的，你現在應該知道你有多可笑了吧？」

你一時答不出話來，他乘勝追擊說：「我不是小小孩了你什麼時候才會搞懂啊？」

你結結巴巴地：「媽媽很難調整──」

他說：「你看你看，譬如說，你對我說話還在用第三人稱稱自己，『媽媽要出門了』，『媽媽回來了』……喂，你什麼時候停止用第三人稱跟我說話啊？我早就不是你的Baby了。」

你跟他「認錯」，答應要「檢討」，「改進」。

「還有，」他說：「在別人面前，不可以再叫我的乳名了。好丟臉。」

你放下電話，你坐在那床沿發怔，覺得彷彿有件什麼事情已經發生了，一件蠻重大的事情，但一時也想不清楚發生的究竟是件什麼事，也理不清心裡的一種慌慌的感覺。你乾脆不想了，走到浴室裡去刷牙，滿嘴泡沫時，一抬頭看見鏡裡的自己，太久沒有細看這張臉，現在看起來有點陌生。你發現，嘴角兩側的笑紋很深，而且往下延伸，臉頰上的肉下垂，於是在嘴角兩側就形成兩個微微鼓起的小袋。你盯著這張臉看，心想，可好，這跟老虎的臉有點像了。繼續刷牙。

走路
「媽媽，是我，爸爸能說話嗎？」
「三天都沒說一句話。」
「把聽筒給他，我還是試試看吧。」

終於等到了一個走得開的禮拜天，趕去桃園看他。你嚇了一跳，他坐在矮矮的沙發裡，頭低低地勾著，好像脖子撐不住頭的重量。你喚他，他勉強地將頭抬起，看你，那眼神是混濁渙散的。你愣了一下，然後記起買來的衣服，你把衣服一件一件攤開。

你去桃園的街上找他可以穿的衣服。大多是年輕少女的衣服，百貨店裡的男人衣服也太「現代」了。他是那種一套衣服不穿到徹底破爛不認為應該買新衣服的人。出門時，卻又一貫地穿戴整齊，襯衣雪白，領帶端正，深色筆挺的西裝，僅有的一套，穿了二十年也不願意多買一套。

你在街上走了很久，然後突然在一條窄巷前停下來。那其實連巷都稱不上，是樓與樓之間的一條縫，縫裡有一個攤子，堆得滿滿的，掛著藍色的棉襖、毛背心、衛生衣衛生褲。一個戴著棉帽的老頭，坐在一張凳子上，縮著脖子摩擦著手，一副驚冷怕凍的模樣。你不敢相信，這是童年熟悉的鏡頭——外省老鄉賣棉襖棉褲棉衣。

帶著濃厚東北腔的老鄉鑽進「縫」裡拿出了你指名要的東西：棉襪，棉褲，貼身的內衣，白襯衫，褚紅色的羊毛背心，深藍色的羊毛罩衫，寶藍色棉襖，灰色的棉帽，褐色的圍巾，毛織手套。全都包好了，你想了想，問他：「有沒有棉布鞋啊？黑色的？」

老頭從塑膠袋裡拿出一雙黑布鞋。你拿了一隻放在手掌上看，它真像一艘湘江上看到的烏蓬船，如果「愛己」的鞋墊完成了，大概就是這樣一隻鞋吧。

你和母親將買來的衣服一件一件、一層一層為他穿上，折騰了半天。最後穿上棉鞋。他微笑了，點頭說：「很好。合腳。」

你要陪他出去散步，發現他無法從沙發裡站立起來。他的身體向右邊微微傾斜，口涎也就從右邊的嘴角流出。他必須由你用兩隻手臂去拉，才能從沙發起身。他的腿不聽腦的指揮，所以腳步怎麼都邁不出去。他的手，發抖。

在客廳裡，和他面對面站立，你用雙手拉起他的雙手，說：「來，跟著我走。左————」

他極其艱難地推出一隻腳，「右——」另一隻腳，卻無法動彈。

「再來一次，一……二……左……右……」

他顯然用盡了力氣，臉都脹紅了，可是寸步維艱。你等著，等他腦裡的指令到達他的腳底，突然聽見街上叫賣「肉粽」蒼老的唱聲，從遠而近。黃昏的光，又照亮了柚木地板。母親憂愁地坐在一旁，盯著你看。你又聽見那鐘在窣窣行走的聲音。麻將桌仍在那鐘下，牌仍攤開在桌上，但是，亂七八糟堆在那裡，像垮掉的城牆。

「這樣，」你回過神來，手仍舊緊緊抓著他的手，「我們念詩來走路。準備走嘍，開始！白—日—依—山—盡……」

他竟然真的動了，一個字一步，他往前跨，你倒退著走，「黃—河—入—海—流……」

千辛萬苦，你們走到了紗窗邊，「轉彎——」

「欲—窮—千—里—目，更—上—一—層—樓。」

母親在一旁興奮地鼓起掌來，「走了，走了，他能走啊。」你用眼角看她，幾乎是披頭散髮的，還穿著早晨的睡衣。

「轉彎——月—落—烏—啼—霜—滿—天，再來，江—楓—漁—火——」

他專心地盯著自己的腳，你引他向前而自己倒退著走；是啊，孩子的手肥肥嫩嫩的，手臂一節一節的肉，圓圓的臉龐仰望著你，開心地笑，你往後退，「來，跟媽媽走，板凳歪歪——上面—坐個——乖乖，乖乖出來——賽跑——上面坐個——小鳥——小鳥出來——撒尿——」他咯咯笑，短短肥肥的腿，有點跟不上。

「來，最後一遍。爸爸你慢慢來，開步嘍，少——小——離——家——老——大——回，再來，鄉——音——未——改——鬢——毛——催——轉彎，兒童相見——不相識……」

眼睛

「喂——是我，媽媽，他——今天怎麼樣？」

「今天好一點，可是一整天，他眼睛都是閉起來的。」

「他有說話嗎？」

你虎著臉瞪著瑪麗亞，「你是怎麼幫他洗臉的呢？帕子一抹就算了？」他坐在沙發。你手裡拿著一隻細棉花棒，沾水，用手指撥開他的紅腫的眼皮，然後用棉花棒清他的眼瞼內側。

「一直說他眼睛不打開，」你在發怒，「你就看不出是因為長期的眼屎沒洗淨，把眼睛糊住了嗎？」

清洗過後，他睜開眼睛。母親在一旁笑了，「開眼了，開眼了。」眼瞼仍有點紅腫，但是眼睛睜開了，看著你，帶著點清澄的笑意。你坐下來，握著他的手，心裡在顫抖。兄弟們每天打電話問候，但是透過電話不可能看見他的眼睛。你也來探過他好多次，為什麼在這「好多次」裡都沒發覺他的眼睛愈來愈小，最後被自己的眼屎糊住了？你，你們，什麼時候，曾經專注地凝視過他？

他老了，所以背佝僂了，理所當然。牙不能咬了，理所當然。腳不能走了，理所當然。突然之間不再說話了，理所當然。你們從他身邊走過，陪他吃一頓飯，扶著他坐下，跟他說「再見」的每一次當下，曾經認真地注視過他嗎？

「老」的意思，就是失去了人的注視，任何人的注視？

你突然回頭去看母親，她的頭髮枯黃，像一撮冬天的乾草，橫七豎八頂在頭上。眼睛裡帶著病態的焦慮——她，倒是直勾勾地注視著他，強烈、燃燒、帶點發狂似地注視著他，嘴裡喃喃地說：「同我說話，你同我說話。我一個人怎麼活，你同我說話呀。」

窗外有人在打籃球，球蹦在地面的聲音一拍一拍傳上來，特別顯得單調。天色暗了，你將燈打開。

語言

「是我。他今天怎樣？」

手機也打開，二十四小時打開，放在家裡的床頭，放在旅館的夜燈旁，放在成堆的紅色急件公文邊，放在行李的外層，靜音之後放在會議進行的麥克風旁，走路時放在手可伸到的口袋裡。夜裡，手機的小燈在黑暗中一閃一滅，一閃一滅，像急診室裡的警告燈。

你推著他的輪椅到外面透氣。醫院像個大公園，植了一列一列的樹，開出了黃心白瓣的雞蛋花，香氣瀰漫花徑。穿著白衣大褂的弟弟剛剛趕去處理一個自殺的病人，你看著他匆忙的背影，在一株龍眼樹後消失。是痛苦看得太多了，使得他習慣面對痛苦不動聲色？是做為兒子和做為醫生有角色的衝突，使得他努力控制自己的情感而對父親的衰敗不動聲色？你在病房裡，在父親的病榻邊，看自己的兄弟與醫師討論自己父親的病情，那神情，一貫的職業的冷靜。你心裡在問：他看見什麼？在每天「處理」痛苦，每天「處理」死亡的人眼裡，「父親病重」這件事，會因為他的職業而變輕了，還是，會把他已經視為尋常的痛苦，變重了？無法問，但是你看見他的白髮。你心目中「年幼」的弟弟，神情凝重，聽著病歷，額頭上一撮白髮。

「回想起來，」他若有所思地說，「他的急遽退化，是從我們不讓他開車之後開始的。」

你怔住了，久久不能說話；揉揉乾澀的眼睛，太累了。

拾起一朵仍然鮮豔但是已經頹然墜地的雞蛋花，湊到他鼻尖，說：「你聞。」他抬不起頭來，你亦不知他是否仍有嗅覺，你把花擱在他毛毯覆蓋的腿上，就在這個時候，你發現，稀黃流質的屎，已經從他褲管流出，濕了他的棉襪。

在浴室裡，你用一塊溫毛巾，擦他的身體。本該最豐滿的臀部，在他身上萎縮得像兩片皺巴巴的扇子，只有皮，沒有肉。全身的肉，都乾了。黃色的稀屎沾到你衣服上，擦不掉。

讓他重新躺好，把被子蓋上，你輕輕在他耳邊說：「我要回台北了，下午有會。三點的飛機。過幾天再飛來高雄看你好不好？」

你去抱一抱媽媽，親親她的頭，她沒反應，木木地坐著床邊。你轉身提起行李，走到病房門口，卻聽見哭泣聲，父親突然像小孩一樣地放聲痛哭，哭得很傷心。

喇嘛要你寫下他的名字和生辰，以便為他祝福，然後你們面對面席地而坐。你專注地看著喇嘛——他比你還年輕，他知道什麼你不知道的祕密嗎？

你有點不安，明顯地不習慣這樣的場合，你低著頭，不知從哪裡說起，然後決定很直接地說出自己來此的目的：「我們都沒有宗教信仰，也沒真正接觸過宗教。我覺得他心裡有恐懼，但是我沒有『語言』可以安慰他或支持他。我想知道，您建議我做什麼？」

你帶著幾本書，一個香袋離開；昨晚的夢裡，又是一片無邊無際的曠野，你滑進深不可測的黑洞，不，你不想馬上回到辦公室裡去，你沿著河堤走。豔麗無比的緋紅色紫荊花在風裡搖曳，陽光照出飄在空氣裡的細細花絮，公園裡有孩子在嬉鬧。你很專心地走，走著走著，到了一片荒野河岸，蘆草雜生，野藤亂爬，你立在河岸上眺望，竟不知這是這個城市裡的什麼地方。

注視

「喂——今天怎麼樣？」

「喂——今天怎麼樣？」

「喂——今天……」

是最後的時刻了嗎？是要分手的時刻了嗎？

老天，你為什麼沒教過我這生死的一課？你什麼都教了我，卻竟然略過這最基本、最重大的第一課？

他的喉嚨有一個洞，插著管子。他的手臂上、胸上，一條一條管線連著機器，機器撐著他的心臟跳動，使得他急促而規律地呼吸。他的眼睛，睜得大大的，但是眼神一片空茫。他看不見你們，但是你想，他一定聽得見，一定聽得見。你緊緊握著他的手——那手，有點浮腫。你親親他的額頭，湊進他的耳……

沒有，你沒有學到那個生命的語言——來不及了。你仍舊只能用你們之間熟悉的語言，你說：爸爸，大家都在這裡了，你放下吧，放下吧。不就是塵埃野馬嗎？不就是天高地迥，覺宇宙之無窮；興盡悲來，識盈虛之有數嗎？在河的對岸等候你的，不就是你朝思暮想的「愛己」嗎？你不是說，楚之南有冥靈者，以五百歲為春，五百歲為秋；你不是說，上古有大椿者，以八千歲為春，八千歲為秋？去吧，帶著我們所有的愛，帶著我們最深的感恩，上路吧，父親你上路吧。

他的嘴不能言語，他的眼睛不能傳神，他的手不能動彈，他的心跳愈來愈微弱，他已經失去了所有能夠和你們感應的密碼，但是你天打雷劈地肯定：他心中不捨，他心中留戀，他想觸摸、想擁抱、想流淚、想愛……

你告訴自己：注視他，注視他，注視他的離去，因為你要記得他此生此世最後的容貌。

佛經的誦聲響起，人們將他裹在一條黃色的緞巾裡。你坐在他的身旁。八個小時，人們說，誦八個小時的經不斷，讓他的魂安下來。他躺在你面前，黃巾蓋著他的臉。是的，這是一具屍體，但是，你感覺他是那麼的親愛，你想伸手去握他的手，給他一點溫暖；你想站起來再去親親他的臉頰、摸一下他的額頭測測體溫；你希望他翻個身、咳嗽一下；你想再度擁抱他瘦弱的肩膀，給他一點力量，但是你不動。你看見血水逐漸滲透了緞巾，印出深色的斑點。到第六個小時，你開始聞到淡淡的氣味。你認真地辨識這個氣味，將它牢牢記住。你注視。

對面坐著從各地趕來助誦的人們，披著黑色的袈裟，神情肅穆。你想到：這些人，大概都經歷過你此刻所經歷的吧？是這個經歷，促使他們趕來，為一個不認識的人、一個不認識的遺體，送別？死亡，是一個祕密會社的暗語嗎？因為經驗了死亡，所以可以一言不發就明白了一切的一切嗎？

八個小時過後，緞巾揭開，你看見了他的臉。「不要怕，」有人說，「一定很莊嚴的，」他顯得豐滿，眼睛閉著，是那種，你所熟悉的，晚上讀古文的時候若有所思的表情。

有人來問，是否為他穿上「壽衣」。你說，不，他要穿你們為他準備好的遠行的衣裳：棉襪，棉褲，貼身的內衣，白襯衫，褚紅色的羊毛背心，深藍色的羊毛罩衫，寶藍色棉襖，灰色的棉帽，褐色的圍巾，毛織手套，還有，那雙黑色的棉鞋。

從冰櫃裡取出，解凍，你再看見他，縮了，臉，整個癟下去，已是一張乾枯的死人的臉。你用無限的深情，注視這張腐壞的臉。手套，因為手指僵硬，弄了很久才戴上。你摸摸他的腳，棉鞋也有點鬆了，你將它穿好。你環著母親的腰，說：「媽，你看，他穿得暖暖的走。」她衰弱得只能勉強站著，沒說話。

關機

「喂——今天做了什麼？」

「你是誰？」

「我是誰？媽媽，你聽不出我是誰？」

你大量地逛街，享受秋天的陽光大把大把瀑灑在臉上、在眼睫毛之間的燦亮溫暖的感覺。你不去中環，那兒全是行色匆匆、衣冠楚楚的人。你不去銅鑼灣，那兒擠滿了頭髮染成各種顏色不滿十八歲的人。你在上環的老街老巷裡穿梭。一個腦後梳著髮髻的老奶奶坐在書報攤上打著盹，頭低低垂在胸前。一個老頭坐在騎樓裡做針線，你湊進去看，是一件西裝，他正在一針一線地縫邊。一個背都駝了的老婆婆低頭在一只垃圾箱裡翻找東西。一對老夫妻蹲在人行道上做工。你站著看了好一會兒。有七十多歲了吧？老太太在一張榻榻米大的鋁板上畫線，準備切割；老先生手裡高舉著槌子，一槌一槌敲打著鋁片折疊處。把人行道當工廠，兩個老人在手製鋁箱。

你在樓梯街的一節台階坐下，怔怔地想，人，怎麼會不見了呢？你就是到北極、到非洲沙漠、到美洲叢林，到最神祕的百慕達三角，到最遙遠最罕無人跡的冰山、到地球的天涯海角，你總有個去處啊。你到了那裡，要放下行李，要挪動你的身體，要找杯水喝。你有一個東西叫做「身體」，「身體」無論如何要有個地方放置；一個登記的地址，一串數字組成的號碼，一個時間，一個地點，一杯還有點溫度的茶杯，半截抽過的香菸，丟在垃圾桶裡擤過鼻涕的衛生紙，一張寫著電話號碼的撕紙，一根掉落在枕頭上的頭髮，一個私章，一張剪過的車票，一張黏在玻璃墊下已久的照片，怎麼也撕不下來，總而言之，一個「在」。

然後，無論你去了哪裡，去了多久，你他媽的總要回來，不是嗎？

你望著大街——這滿街可都是人啊，但是，但是他在哪裡？告訴我，他「去」了哪裡？總該有個交代、有個留言、有個什麼解釋吧？就是半夜裡被祕密警察帶走了，你也能要求一個「說法」吧？對一個人的下落，你怎麼可以……什麼訊息都沒有的消失呢？

「空」——「空」怎麼能算「存在」呢？

幾個孩子在推擠嘻笑，開始比賽爬樓梯街。你站起來，讓出空間，繼續走，繼續看，繼續尋找。你停在一家參藥行前面，細看那千奇百怪的東西。你走進一家古董店，裡面賣的全是清朝的各種木器：洗腳盆、抽屜、化妝盒、米箱、飯桶……你在一對雕花木櫥前細細看那花的雕工。

你洗臉，刷牙，擦乳液，梳頭髮，剪指甲。到廚房裡，煎了兩個蛋，烤了一片麵包，一面吃早點，一面攤開報紙：伊拉克戰事，蘇丹戰事，北韓核子危機，溫室效應，煤礦爆炸，藍綠對決，夫妻燒炭自殺……你走到陽台，看見一隻孤單的老鷹在空中翱翔，速度很慢，風大獵獵地撐開牠的翅膀，海面的落日揮霍無度地染紅了海水。

睡前，你關了手機。

冬，一九一八

「喂——媽媽今天好不好？」

「她在沙發上睡著了。」

「你要注意一下，我覺得她最近講話有點牛頭不對馬嘴。」

月亮升到海面上的時候，你坐到電腦前，開始寫：

我們的父親，出生在一九一八年的冬天。

然後腦子一片空白，寫不下去。你停下來，漫遊似地想，一九一八年的世界，發生了什麼事情？大戰剛剛結束，俄國剛發生了革命，段祺瑞向日本借款，「欣然同意」將山東交給日本。日本大舉進兵海參崴。兩千萬人因流感而死，中國有全村全縣死光的。那，是一個怎樣的冬天啊。

我們不知道，這個出生在南嶽衡山腳下的孩子是怎麼活下來的。湖南的冬天，很冷；下著大雪。孩子的家，家徒四壁。

我們不知道，七歲的父親是怎麼上學的。他怎麼能夠孤獨地走兩個小時的山路而不害怕？回到家時，天都黑了。

我們不知道，十六歲、稚氣未脫的父親是怎麼向他的母親辭別的；獨生子，從此天涯漂泊，再也回不了頭。

我們不知道，當他帶著憲兵連在兵荒馬亂中維持秩序，當敵人的砲火節節逼近時，他怎麼還會在夜裡讀古文、念唐詩？

我們不知道，在一九五〇年夏天，當他的船離開烽火焦黑的海南島時，他是否已有預感，從此見不到那喊著他小名的母親；是否已有預感，要等候四十年才能重新找回他留在家鄉的長子？

我們不知道，當他，和我們的母親，在往後的日子裡，必須歷盡千辛萬苦才能將四個孩子養大成人，當他們為我們的學費必須低聲下氣向鄰居借貸的時候，是不是曾經脆弱過？是不是曾經想放棄？

我們記得父親在燈下教我們背誦〈陳情表〉。念到高齡祖母無人奉養時，他自己流下眼淚。我們記得父親在燈下教我們背誦〈出師表〉。他的眼睛總是濕的。

我們記得，當我們的母親生病時，他如何在旁奉湯奉藥，寸步不離。

我們記得他如何教我們堂堂正正做人，君子不欺暗室。我們記得他如何退回人們藏在禮盒底的紅包，又如何將自己口袋裡最後一疊微薄的錢給了比他更窘迫的朋友。

我們記得他的暴躁，我們記得他的固執，但是我們更記得他的溫暖、他的仁厚。他的眼睛毫不遲疑地告訴你：父親的愛，沒有條件，沒有盡頭。

他和我們堅韌無比的母親，在貧窮和戰亂的狂風暴雨中撐起一面巨大的傘；撐著傘的手也許因為暴雨的重荷而顫抖，但是我們在傘下安全地長大，長大到有一天我們忽然發現：背誦〈陳情表〉，他其實是在教我們對人心存仁愛；背誦〈出師表〉，他其實是在教我們對社會心存責任。

兄弟們以各自不同的方式仁愛處人、忠誠處事，但是那撐著傘的人，要我們辭別，而且是永別。

人生本來就是旅程。夫妻、父子、父女一場，情再深，義再厚，也是電光石火，青草葉上一點露水，只是，在我們心中，有萬分不捨：那撐傘的人啊，自己是離亂時代的孤兒，委屈了自己，成全了別人。兒女的感恩、妻子的思念，他已惘然。我們只好相信：蠟燭燒完了，燭光，在我們心裡，陪著我們，繼續旅程。

在一條我們看不見、但是與我們的旅途平行的路上，爸爸，請慢慢走。白日依山盡，黃河入海流。欲窮千里目，更上一層樓。

你正要將寫好的存入文檔，一個鍵按錯，突然冒出一片空白。趕忙再按幾個鍵，卻怎麼也找不著了；文字，被你徹底刪除。

魂歸

「喂——今天好嗎？《心經》寫了嗎？」

「太久沒寫字，很多字都不認得了。」

「試試看，媽媽，你試試看。」

這是他十六歲時離開的山溝溝裡的家鄉。「愛己」要他挑著兩個籮筐到市場買菜，市場裡剛好有人在招少年兵，他放下扁擔就跟著走了。

今天帶他回來，剛好是七十年後。

有兩個人在門前挖井。一個人在地面上，接地面下那個人挖出來的泥土，泥土用一個轆轤拉上來，傾倒到一只竹畚箕裡，兩個滿了，他就用扁擔挑走。很重，他搖搖晃晃地走，肩頭被扁擔壓出兩條肉的深溝。地面下那個人，太深太黑了，看不見，只隱隱聽見他咳嗽的聲音，從井底傳來。「缺水，」挑土的人氣喘喘地說，「兩個多月了。沒水喝了。」

「你們兩個人，」你問，「一天掙多少錢？」

「九十塊，兩個人分。」

「挖井危險啊，」你說，「有時會碰到沼氣。」

那人笑笑，露出缺牙，「沒辦法啊。」

灰撲撲的客運車捲起一股塵土而來，停住，一個人背著一個花圈下了車。花圈都是紙紮的，金碧輝煌，豔麗無比，但是輕，背起來像個巨大的紙風車。鄉人穿著洗得灰白的藍布褂，破舊的鞋子佈滿塵土。

父親的照片放在廳堂中央，蒼蠅到處飛舞，黏在輓聯上，猛一看以為是小楷。

大哥，那被歷史綁架了的長子，喚你。「族長們，」他說，「要和你說話。」

你跟著他走到屋後，空地上已經圍坐著一圈鄉人。母親也坐著，冰冷著臉。

像公審一樣，一張小凳子，等著你去坐下。

女人蹲在地上洗菜，本來大聲喧囂的，現在安靜下來。一種尷尬又緊張的氣氛，連狗都不叫了。看起來輩份最高的鄉人清清喉嚨，吸了口煙，開始說話：「我們明白你們不想鋪張的意思，但是我們認為既然回到家鄉安葬，我們還是有我們的習俗同規矩。我們是要三天三夜的。不能沒有道士道場，不能沒有花鼓隊，而且，家鄉的習俗，兒女不能親手埋了父母的，那骨灰要由八個人或者十二個人抬到山上去，要雇人的。不這麼做就是違背家族傳統。」

十幾張臉孔，極其嚴肅地對著你，討一個道理。十幾張臉孔，黝黑的、勞苦的、滿是生活磨難的臉孔，對著你。這些人，你心裡說，都是他的族人。如果他十六歲那年沒走，他就是這些人的伙伴了。

母親寒著臉，說：「他也可以不回來。」你趕忙握緊她的手。

你極盡溫柔地解釋，佛事已在島上做過，父親一生反對繁文縟節，若要鋪張，是違背他的意願，你不敢相從。花鼓若是湘楚風俗，當然尊重。至於雇別人送上山，「對不起，作兒女的不捨得。我們要親自捧著父親的骨灰，用自己的手帶他入土。」

「最後一次接觸父親的機會，我們不會以任何理由給任何別人代勞。」

你清朗地注視他們的眼睛，想從那古老的眼睛裡看見父親的神情。

這一天清晨，是他上山的日子。天灰灰的，竟然有點濕潤的雨意。鄉人奔走相告，苦旱之後，如望雲霓。來到這陌生的地方，你一滴眼淚都不掉。但是當司儀用湘音唱起

「上——香」，你震驚了。那是他與「愛己」說話的聲音，那是他教你念「秋水共長天一色，落霞與孤鶩齊飛」的腔調，那是他的湘楚之音。當司儀長長地唱「拜——」時，你深深跪下，眼淚決堤。是，千古以來，他們就一定是以這樣悲愴的楚音招魂的：

> 魂兮歸來，君無上天些。虎豹九關，啄害下人些。一夫九首，拔木九千些……歸來歸來，往恐危身些……魂兮歸來，君無下此幽都些。土伯九約，其角觺觺些……歸來歸來，恐自遺滅些……魂兮歸來，反故居些。

當他說閩南語而引得人們哈哈大笑時，當他說北京話而令人們面面相覷時，他為什麼不曾為自己辯護：在這裡，他的楚音與天地山川一樣幽深，與蒼天鬼神一樣宏大？司儀的每一個音，都像父親念〈陳情表〉的音，婉轉悽楚，每一個音都重創你。此時此刻，你方才理解了他靈魂的漂泊，此時此刻，你方才明白他何以為《四郎探母》淚下，此時此刻你方才明白：他是真的回到家了。

花鼓隊都是面帶滄桑的中年婦女，一身素白，立在風中，衣袂飄揚。由遠而近傳來嗩吶的聲音，混著鑼鼓。走得夠近了，你看清了樂師，是十來個老人，戴著藍布帽，穿著農民的藍布褂，佝僂著背，鏗鏘鏗鏘吹打而來。那最老的，他們指給你看，是他的兒時玩伴。十六歲那年兩個人一起去了市場，一個走了，一個回來。

天空飄起微微雨絲，濕潤的空氣混了泥土的氣息。花鼓隊開始上路，兄長捧著骨灰鏢，你扶著母親，兩公里的路她堅持用走的。從很遠就可以看見田埂上有人在奔跑，從紅磚砌成的農舍跑出，往大路奔來，手裡環抱著一大捲沉重的鞭炮。隊伍經過田埂與大路的接口時，她也已跑到了路口，點起鞭炮，霹哩啪啦的炮聲激起一陣濃煙。長孫在路口對那跑得上氣不接下氣的婦女跪下深深一拜。你遠遠看見，下一個田埂上又有人在奔跑。每一個路口都響起一陣明亮的炮聲，一陣煙霧瀰漫。兩公里的路，此起彼落的鞭炮夾雜著「咚咚」鼓聲，竟像是一種喜慶。

到最後一個路口，鞭炮震耳響起，長孫跪在泥土中向村人行禮，在煙霧瀰漫中，你終於知曉：對這山溝裡的人而言，今天，村裡走失的那個十六歲的孩子，終於回來了。七十年的天翻地覆、物換星移，不過是一個下午去市場買菜的時間。

滿山遍野的茶樹，盛開著花，滿山遍野一片白花。你們扶著母親走下山。她的鞋子裹了一層黃泥。「擦擦好嗎？」兄弟問。「不要。」她的眼光看著遠處的祝融山峰；風，吹亂了她的頭髮。

下山的路上你折了一枝茶花，用手帕包起。泥土路上一隻細長的蜥蜴正經過，你站到一邊讓路給牠，看著牠靜靜爬過，背上真的有一條火焰的藍色。

二〇〇四年十二月十七日於沙灣徑完稿
二〇〇八年五月十九日　於陽明山修訂

新人間叢書 911

目送

作　者—龍應台
內頁攝影—龍應台
副總編輯—葉美瑤
編　輯—黃嬿羽
美術設計—蔡南昇
責任企劃—黃千芳
校　對—陳錦生、邱淑鈴、黃嬿羽
董 事 長
發 行 人—孫思照
總 經 理—莫昭平
總 編 輯—林馨琴
出 版 者—時報文化出版企業股份有限公司
10803台北市和平西路三段二四〇號三樓
發行專線—(〇二)二三〇六—六八四二
讀者服務專線—〇八〇〇—二三一—七〇五・(〇二)二三〇四—七一〇三
讀者服務傳真—(〇二)二三〇四—六八五八
郵撥—一九三四四七二四時報文化出版公司
信箱—台北郵政七九~九九信箱
時報悅讀網—http://www.readingtimes.com.tw
電子郵件信箱—liter@readingtimes.com.tw
法律顧問—理律法律事務所　陳長文律師、李念祖律師
印　刷—華展彩色印刷有限公司
初版一刷—二〇〇八年七月七日
初版三十三刷—二〇〇九年八月二十八日
平裝本定價—新台幣三二〇元
精裝本定價—新台幣三六〇元
⊙行政院新聞局局版北市業字第八〇號

國家圖書館出版品預行編目資料

目送 / 龍應台著 -- 初版. -- 臺北市 : 時報文化, 2008.07
面; 公分. --(新人間叢書; 911)
ISBN 978-957-13-4868-1(精裝). -- ISBN 978-957-13-4869-8(平裝)

855　　97010793

ISBN 978-957-13-4869-8(平裝)
ISBN 978-957-13-4868-1(精裝)
Printed in Taiwan